나는
네이버 프런트엔드
개발자입니다

나는 네이버 프런트엔드 개발자입니다

1쇄 발행 2023년 5월 4일

지은이 김지한, 하성욱, 장기효, 윤정현, 손찬욱, 김다현, 박재성, 윤영제
펴낸이 장성두
펴낸곳 주식회사 제이펍

출판신고 2009년 11월 10일 제406-2009-000087호
주소 경기도 파주시 회동길 159 3층 / **전화** 070-8201-9010 / **팩스** 02-6280-0405
홈페이지 www.jpub.kr / **원고투고** submit@jpub.kr / **독자문의** help@jpub.kr / **교재문의** textbook@jpub.kr

소통기획부 김정준, 이상복, 송영화, 권유라, 송찬수, 박재인, 배인혜
소통지원부 민지환, 이승환, 김정미, 서세원 / **디자인부** 이민숙, 최병찬

진행 이상복 / **교정·교열** 김은미 / **내지 및 표지 디자인** 블랙페퍼디자인
용지 에스에이치페이퍼 / **인쇄** 한승문화사 / **제본** 일진제책사

ISBN 979-11-92987-11-8 (13000)
값 17,000원

제이펍은 독자 여러분의 아이디어와 원고 투고를 기다리고 있습니다. 책으로 펴내고자 하는 아이디어나 원고가 있는
분께서는 책의 간단한 개요와 차례, 구성과 저(역)자 약력 등을 메일(submit@jpub.kr)로 보내주세요.

나는
네이버 프런트엔드
개발자입니다

NAVER 개발자들이 들려주는
생생한 개발 문화와 성장 스토리

김지한·하성욱·장기효·윤정현
손찬욱·김다현·박재성·윤영제
지음

차례

머리말

    오늘날 프런트엔드는 웹 개발 영역의 주요한 영역으로, 그리고 전문적인 영역으로 인정받고 있다. 대부분의 독자도 이 점에 대해선 큰 이견이 없을 것이다. 그러나 과거 웹 개발이 막 시작되었던 시점부터 꽤 오랜 시간 프런트엔드는 그 가치와 전문성을 인정받지 못했었다.

    사실 지금도 일부에서는 프런트엔드의 기술적 전문성을 낮추어 바라보며, 웹 개발 영역에 새롭게 진입하는 사람들 정도가 선택하기 좋은(또는 쉬운) 영역으로 단정 짓는 경우들을 보게 된다. 많은 신입 개발자의 경험을 들어보면, 국내의 교육 환경(주요 대학교들의 CS 관련 학과)에서는 프런트엔드를 교양과목 수준으로 다루며, 깊이 있게 접근하는 경우는 없었다는 이야기를 많이 듣곤 한다.

    그래서일까? 커리어를 시작할 때 왜 프런트엔드 대신 백엔드를 선택했는지 질문하면 많은 경우 프런트엔드는 기술적 깊이와 전문성이 낮기 때문이라는 답을 듣곤 한다. 그리고 이러한 관점은 꼭 기술적 영역에만 국한된 것 같지는 않다. 커리어의 장기적 성장과 보상 측면에서도 다른 영역에 비해 상대적으로 고점이 높지 않을 것이란 생각을 갖게 되는 점도,

이러한 시각과 궤를 같이한다고 생각한다.

이러한 일을 접할 때마다, 오랜 시간 프런트엔드에서 커리어의 대부분을 보낸 입장에서 많은 안타까움과 아쉬움을 느끼곤 했었다. 물론 현재는 과거보다 많은 인식의 변화가 생기긴 했지만, 프런트엔드 영역을 선택하는 개발자들이 늘어나야만 프런트엔드 모든 면에서의 성장을 기대할 수 있기 때문이다.

단순하게 장밋빛 전망을 늘어놓는 것만으론 많은 이를 설득하는 것은 어렵다. 그렇다면 무엇을 통해 많은 이에게 프런트엔드의 기술적 가치와 커리어 측면에서의 긍정적인 미래를 알릴 수 있을까? 이에 대한 고민을 오랜 시간 해왔고, 가장 현실적이라고 생각한 방법은 바로 많은 프런트엔드 개발자의 '성공'적인 경험을 들려주는 것이라는 나름의 결론을 내리게 되었다.

좀 더 설득력을 더하고자, 국내 최고의 개발 역량과 재능을 보유한 개발자들이 모여 있는 네이버의 프런트엔드 개발자들의 스토리를 들려주는 게 좋겠다고 생각하게 되었다. 국내에선 아직까지 프런트엔드 '직무'에 포커스를 맞춰 발간된 서적이 없었다는 점도 이 프로젝트를 기획한 요인 중 하나였다.

오늘날의 프런트엔드는 단순하게 표현 계층presentation layer인 UI만으로 구성되지 않는다. 또한 과거의 HTML, CSS, 그리고 단순한 자바스크립트만으로 대변되지도 않는다. Node.js를 통해 백엔드 영역으로의 확장이 이루어졌고, 다양한 런타임(Deno, Bun)을 통해, 그리고 웹어셈블리를 통해 전통적 언어들의 영역과 결과물을 웹으로 끌어들이고 있다.

과장되게 말하면, 이제는 웹 브라우저만 있으면 모든 것을 할 수 있고 그것을 가능하도록 만드는 것이 바로 프런트엔드의 힘이다. 다른 영역에 비해 새로운 영역이기 때문에 기술적 숙련도가 낮을 수는 있어도 그 가치는 결코 낮지 않다. 프런트엔드의 가치를 알아보지 못하는 것은 새로운 영역에 대한 이해와 경험이 부족하기 때문이다. 오히려 새로운 영역이기 때문에 앞으로 더 많은 발전 가능성이 내포되어 있다고 말하고 싶다.

이 책이 국내의 모든 프런트엔드 '엔지니어', 그리고 아직 커리어를 고민하고 있을 예비 개발자들에게 도움이 되었으면 하는 바람이다. 책에 대한 아이디어를 듣고 흔쾌히 동참해준 저자들과 집필 과정에 많은 도움과 지원을 아끼지 않은 네이버 프런트엔드 영역의 기술성장위원회 리더인 우상훈 님에게 고마움을 표하고 싶다. 책에 대한 아이디어와 제안을 위한 긴 전화 통화에 귀 기울여주고 출간에 이르기까지 큰 도움을 준 제이펍 출판사의 이상복 님께도 깊은 감사를 드리고 싶다.

박재성, 네이버 Platform FE 팀 리더

프런트엔드 개발자가 되려면 무엇을 공부해야 하나요?

김지한

세계 정복을 꿈꾸는 개발자. 네이버 Whale WebUI 팀에서 웨일 브라우저와 관련 제품 프런트엔드 개발을 담당하고 있다. '없으면 만들어 쓴다'는 마음으로 분야를 가리지 않고 일단 시도해본다.

기술 면접을 진행하면 많은 지원자가 묻는 공통 질문이 있다.

"개발자가 되려면 앞으로 무엇을 공부하면 좋을까요?"

인턴십이나 신입 개발자 채용 면접에서 기회가 있으면 꼭 이 질문을 해야 한다고 누군가 조언이라도 해준 것처럼 거의 모든 지원자가 질문한다.

개발자는 변호사나 의사처럼 국가기관에서 도장을 쾅 찍은 서류를 받아야만 '개발자 누구'라고 할 수 있는 직업이 아니다. 지원자도 몰라서 묻는 것은 아닐 것이다. '개발자로 취업하려면 무엇이 필요할까요?'라는 뜻으로 이해하고 이야기를 풀어보고자 한다.

왜 프런트엔드 개발자가 되려고 하세요?

가장 먼저 해야 할 일은 프런트엔드 개발자가 되려는 이유에 대한 나름의 답을 구하는 것이다. 개발자가 된다는 것은 많은 것에 대해 '왜?'를 생각해야 한다는 뜻이다. '왜 프레임워크를 이걸로 선택했나', '왜 컴포넌트 설계는 이렇게 했나', '왜 들여쓰기는 탭이 아니라 스페이스를 쓰는가', '왜 이 변수명은 대문자로 썼는가' 등 개발자가 아닌 사람들이 보면 대수롭지 않을, 그리고 생각하기에 따라서는 얼굴 붉히고 언성을 높여 열띤 토론을 했어야 할 만한 주제였나 싶을 많은 고민의 순간을 맞이하게 될 것이다.

'개발자'라는 한 단어로 뭉뚱그러져 있지만 그 안에 얼마나 많은 형태의 개발자가 존재하는지 생각해보자. 프런트엔드front-end, 백엔드back-end, 안드로이드 및 iOS 앱 개발 등 서로 다른 전문성을 요구하는 분야로 나뉜다. 신입 개발자가 막연하게 무엇을 공부하면 좋은지 물으면 '먼저 자기 분야를 정하세요'라는 대답을 하는 이유가 여기에 있다.

어느 분야가 자신에게 맞는지 다양하게 탐색하고 학습하고 맛을 본 후 직업으로 선택해야 한다. 요리사가 되고 싶다고 마음을 먹었다면 먼저 한식, 중식, 양식 등 어느 분야의 전문가가 될 것인지 정해야 그에 맞는 노력을 기울일 수 있는 것과 같다. 대단한 이유를, 그럴싸한 문장을 찾으라는 뜻은 아니다. 다만 언젠가 미래의 내가 '이걸 왜 하고 있지?'라는 순간이 올 때 '이 맛에 내가 프런트엔드 개발을 하지'라는 위안받을 수 있는 답을 생각해놓기를 권하는 것이다.

많은 개발 분야 중 프런트엔드 개발자는 문자 그대로 사람을 기준으로 '앞'에 있는 것을 만드는 일을 한다. 기획 및 디자인 영역과 개발 영역의 경계선에서 사용자가 눈으로 보고 손으로 조작하는 화면을 만들기에 분야의 경계를 넘나드는 기술적 전문성과 함께 사용자 경험에 대한 이해도 함께 요구된다. 상황과 사람에 따라서 어느 분야에 좀 더 중점을 두는지에 따라 달라질 수 있지만 다양한 기술을 동원하여 웹 앱web app이 살아 움직이도록 해 어떤 조건과 상황에 있는 사용자도 편안하게 사용할 수 있도록 만들어내는 본질적인 역할에는 차이가 없다. 사람과 기술 그 중간에서 눈에 보이고, 손에 잡히는 가치를 만들어내는 것이 프런트엔드 개발자의 일이다.

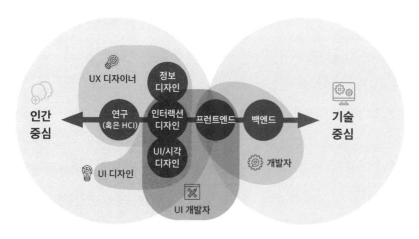

다양한 개발 분야

프런트엔드 개발자의 역할을 알고 왜 그 일을 하고 싶은지 자신의 답을 찾고 나면 비로소 자신이 답을 찾고자 하는 것이 무엇인지 뚜렷하게 보이게 된다.

나는 '프런트엔드 개발자로서' '취업을 하려면' 무엇을 공부해야 할까?

필요한 '기술'

개발자에게 특정 학위와 학력이 갖는 의미는 그리 크지 않다. 프런트엔드 개발 분야에서는 컴퓨터 공학 전공이 아닌 사람들을 어렵지 않게 만날 수 있다. 컴퓨터 공학을 전공하는 것은 불필요할까? 컴퓨터 공학 계열의 833개 학과에 재학 중인 16만 4334명[1]이 모두 개발자를 꿈꾸는 것은 아니겠지만 진로에 필요하지 않은 공부를 하고자 귀중한 청춘을 보내는 것은 아닐 테다.

신입 공채 면접을 진행할 때였다. 지원자가 이런 질문을 했다.

"도대체 왜 면접에서 머지 소트merge sort(합병 정렬)를 손코딩하라고 시키는 건가요? 실무에서 머지 소트 같은 기본 알고리즘을 직접 만들어서 쓸 일이 있나요?"

물론 직접 만들어서 쓸 일은 없다. 안타깝지만 지난 10여 년 동안 지원자가 짠 천재적인 알고리즘이 세상을 흔드는 순간을 목도한 경험도 아직까지는 없다. 그렇다면 왜 기초 알고리즘을 코드로 표현하라고 묻는 것일까? 여기에는 두 가지 이유가 있다.

자료를 정렬하는 동작을 특정 언어 및 특정 도구가 제공하는 마법 같은 방법으로 대하는 것이 아니라 어떤 논리와 흐름으로 일어나는 일인

---

1   한국교육개발원, 교육통계서비스, 2022년 4월(kess.kedi.re.kr)

지 원리를 이해하는지 알아보기 위해서다. 요리사에게 염화나트륨 화합물과 신경계의 상호작용에 대한 이해를 요구하는 것이 아니다. "마법의 하얀 가루를 넣으면 신기하게도 짠맛이 납디다"가 아니라 '소금'을 알고 있는지, 어떻게 다루어야 하는지를 아는지 묻는 것이다.

　다른 하나는 그 답을 낼 수 있는 논리력, 공학적 사고방식을 갖고 있는지 묻는 것이다. 프로그래밍은 컴퓨터가 일련의 절차에 따라 동작하도록 지시하는 일이다. 개발자는 각 단계를 정의하고 논리 조건과 분기를 설계해야 한다. 그러한 사고의 틀로 문제를 해결하는 사람이 개발자다. 어떤 개발 분야를 택하든 공통적으로 필요한 사항이다. 관련 지식이나 문제 해결 프레임을 학부 과정에서 배웠든 사설 기관에서 배울 기회가 있었든 혼자서 공부를 했든 경로는 중요하지 않다. 학위와 학력을 요구하지 않는다. 단 해당 지식이 필요 없다는 의미는 아니다. 내가 작성한 코드가 어떤 원리와 절차로 컴퓨터가 해석하고 수행하는지 "잘 모르겠지만 이렇게 하면 돌아가던데요"가 아닌 명확한 이해가 필요하다.

이 모든 것은 공학적 사고를 기반으로 문제를 정의하고 풀어나가는 능력을 요구한다. 알고리즘 문제 풀이를 잘하는 사람이 좋은 개발자라는 뜻은 아니다. 최근에는 기술 면접 전에 코딩 테스트를 해 기계적으로 지원자를 거르는데, 많은 사람이 문제 형식과 풀이법을 암기하는 데에만 몰두하는 듯하다. 자신이 어떤 논리를 전개하는 것인지 이해하지 못한 채 '이 유형은 이 풀이법을 쓴다'로만 암기한다. 왜 이 접근 방법을 썼는지 물으면 답하지 못한다.

한 지원자는 자신감에 찬 목소리로 오답을 답하는 일도 있었다.

"이 문제는 A 알고리즘에 대해 묻는 것 같은데 이런 방식으로 접근할 수 있습니다. 그런데 문제에 묘사된 내용으로는 알고리즘에 필요한 조건이 충분하지 않은 것 같습니다."

응 아니야. 조건이 왜 충분하지 않았을까? 문제에 맞는 답이 A 알고리즘이 아닐 수 있다는 생각도 해야 하지 않을까? 힌트를 줬지만 자신의 접근법을 너무 확신한 나머지 결국 답에 도달하지 못했다. 기술 면접에서 반드시 정답이 있는 문제만 묻는 것은 아니다. 하지만 암기한 풀이법만 반복하며 논리를 전개하지 못하는 것은 좋지 않다. 기초적인 컴퓨터 공학 지식을 갖추고자 알고리즘 문제를 풀고 연습하는 것이지 문제 풀이 그 자체가 목적이 돼 면접용 솔루션에 집착하는 것은 곤란하다. 해당 이론에 해박하면 당연히 좋다. 하지만 실무에서 요구하는 것은 학문적인 깊이가 아니다. 다른 분야 개발자의 말을 알아들을 수는 있는 대략적인 이해, 스택stack과 큐queue를 구분하고 어떻게 구현하며 활용할지 아는 정도의 기초적인 이해가 필요하다.

중요하니까 한 번 더 강조한다. 면접용 알고리즘 문제에 집착하지 말자, 제발!

HTML과 CSS 마크업

프런트엔드 개발자에게 마크업markup 기술은 필수일까? 관점에 따라 다양한 답이 있을 수 있다. 가끔 "저는 퍼블리셔가 아니고 FE인데요"라는 이야기를 듣기도 한다. 회사 혹은 조직 방침에 따라 마크업과 자바스크립트 개발 역할을 구분하기도 하지만 프런트엔드 개발은 그 전체를 아우르는 개념이다. 웹 서비스를 만드는 데 어느 한쪽 기술만 사용되는 경우는 없다.

다양한 브라우저와 기기 환경에서 사용자가 서비스를 사용하는 데 어려움이 없도록 길을 만든다는 관점에서 마크업은 프런트엔드 개발에 포함되는 영역이며 높은 전문성이 요구된다. 주 업무 역할은 구분하더라도 마크업 요소가 어떻게 되는지, 동료가 만들어준 마크업이 어떤 구조와 의도로 작성된 것인지 읽고 이해할 수 있어야 그 위에 적합한 자바스크립트를 구현할 수 있다.

컴포넌트 단위로 설계를 지향하는 개발 트렌드를 고려하면 더욱 단위 마크업을 가벼이 여길 수 없다. HTML5 명세에 정의된 시맨틱 태그semantic tag를 모두 잘 활용하면 좋겠지만 최소한 블록 요소와 인라인 요소를 구분해 사용하는 것부터 시작하면 좋다. 인라인 요소로 블록 요소 같은 표현을 하려고 어렵게 스타일을 추가한다거나(<span style="display: block">), table 태그를 금기시한 나머지 진짜 표를 표현할 때 div 태그를 반복하며 display: table-cell 스타일을 주는 웃지 못할 일이 실제로 일어난다. 브라우저가 어떤 순서로 웹 페이지를 해석하고 사용자 화면에 보여주는지 DOMDocument Object Model, CSSOMCSS Object Model, 렌더링 과정을 열심히 공부한들 실제로 자신의 코드를 효율적으로 표현하는 데 사용하지 못한다면 무슨 의미가 있을까?

CSS를 사용하면 훨씬 간단히 구현할 수 있는데 모두 자바스크립트로 구현해 이벤트 핸들러event handler와 변수를 제어하느라 애쓰는 경우도 볼 수 있다. 예를 들어 마우스 오버 시 배경색을 바꾸는 동작을 div 요소 위에 구현하고자 다음과 같은 자바스크립트 코드를 작성한다고 해보자.

```
document.querySelectorAll("div").forEach(el => {
    el.addEventListener("mouseenter", () => {
        el.style.background = "#efefef;"
    });
    el.addEventListener("mouseleave", () => {
        el.style.background = "initial";
    });
});
```

단순한 동작을 위해 요소마다 이벤트 핸들러를 붙여야 하니 메모리 낭비일 뿐 아니라 온갖 예외 상황을 하나씩 다 대응해야 한다.

- 동적으로 div 요소가 추가되면 어떻게 할 것인가?
- 이벤트 위임을 사용하면 중첩된 요소는 어떻게 판단할 것인가?
- 다크 모드를 적용했을 때 색상 변화는 어떻게 할 것인가?

이 모든 고민은 CSS를 사용하면 한 줄로 끝낼 수 있다. 단 한 줄의 자바스크립트도 필요하지 않다.

```
div:hover { background: #efefef; }
```

다른 사례도 보자. 특정 텍스트 입력란이 빈 경우 테두리 색을 다르게 하고 싶을 때가 있다. 자바스크립트로 구현하면 다음과 같이 쓸 수 있다.

```
<input type="text">
```

```
document.querySelector("input")
  .addEventListener("blur", ({ target }) => {
    target.style.borderColor =
        target.value.length ? "black" : "red";
  });
```

해당 구문은 HTML과 CSS만으로 훨씬 간결하고 읽기 쉬운 방법으로 표현할 수 있다.

```
<input type="text" required>
```

```
input:invalid { border-color: red }
```

required 속성과 :invalid 선택자 모두 IE10 이상, iOS 사파리 4 이상, 안드로이드 5 이후 환경에서 사용할 수 있다.

"에이~ 우리는 구 버전 브라우저 환경에도 대응해야 해서 저런 거 못 써요."

갤럭시 S5 이전 단말기, 단 한 번도 업데이트하지 않은 윈도우 7 환경까지 고려해야 하는 상황이면 안타깝지만 어쩔 수 없다. 해당 환경 사용자는 대한민국 인터넷 이용자 4732만 명[2] 중 0.06% 이하[3](약 2.8만 명)에 해당한다.

마크업 전담 개발자에게 의존하거나 자바스크립트로 열심히 만드는 것에 몰두하는 것만으로도 일은 할 수 있지만 더 적은 시간과 노력으로

---

2   과학기술정보통신부, 인터넷이용실태조사 (국가승인 지정통계 제120005호, 2021년)

3   Statcounter Global Stats (2022년 6월)

목표를 달성하는 방법을 알아두면 개발자로 성장하는 것뿐 아니라 궁극적으로 삶의 질도 향상될 것이다. 공부하기 좋은 자료는 차고 넘치도록 많다. 내 코드가 어디서 어떻게 돌아가는지는 알아두자. 몰라도 어찌어찌 돌아는 가겠지만 그 이상은 아주 많이 힘들어진다.

당연히 자바스크립트

프런트엔드 개발자는 당연히 자바스크립트를 잘 다룰 수 있어야 한다. 자바스크립트는 웹 브라우저 환경에서 인터랙션을 구현할 수 있는 유일한 수단이다. 타입스크립트TypeScript도 컴파일 산출물은 자바스크립트 코드이며 파이스크립트PyScript, Scala.js, 다트투자바스크립트Dart-to-JavaScript 및 엠스크립튼Emscripten 등 다른 언어로 작성된 코드도 브라우저에서 동작하려면 최종적으로는 반드시 자바스크립트가 필요하다.

원본 코드가 자바스크립트로 변환되는 형태이든 자바스크립트로 작성된 처리기가 코드를 해석하는 것이든 자바스크립트 없이 웹 앱을 만들 수 없다. 이는 알파요 오메가며 길이요 진리요 생명이니 자바스크립트로 말미암지 않고서는 누구도 웹을 살아 움직이게 만들 수 없다. 때때로 프런트엔드 개발자를 목표로 한다고 말하면서 코딩 테스트 혹은 라이브 코딩 문제를 파이썬으로 푸는 사람들이 있다. 파이썬이 정말 강력하고 좋은 언어인 것은 이해하지만 프런트엔드 개발자를 꿈꾸고 있다면 부디 자바스크립트에 익숙해지길 바란다.

리액트ReactReact 프레임워크가 워낙 강력하고 널리 쓰여 최근에는 자바스크립트를 거의 모르지만 리액트는 쓸 줄 아는 신묘한 능력을 가진 인재들을 어렵지 않게 만날 수 있다. 프레임워크에 의존하지 않는 자바스크립트 언어 숙련도를 요구하는 것이 시대의 흐름을 읽지 못하는 구시대적 발상인지 진지하게 고민하기도 했다. 리액트 프레임워크도 결국 자바스크립트로 구성된 도구 중 하나라는 것은 분명하다. 프레임워크가 알아서 해주는 것만 믿고 코드 몇 줄 넣으면 알아서 착착 돌아가는 '마-법' 같은 일은 언젠가 반드시 한계가 오기 마련이다. 프레임워크가 해당 동작을 어떻게 구현했는지, 어떤 원리로 동작하는지 알아야 더 잘 다룰 수 있다. 문제가 생겨도 원인을 찾아낼 수 있다. 구글링으로 찾은 스택 오버플로 답변과 10년 전 블로그 글만으로 모든 문제가 해결되지는 않는다.

한때는 영원할 줄 알았던 앵귤러JSAngularJS, Backbone.js도 지금은 기억 속에만 남아 있는 이름이 되지 않았나. 리액트 프레임워크와 내 커리어의 운명을 함께할 각오가 아니라면 자바스크립트 자체에 대한 이해와 숙련은 필수다. 자바스크립트는 필요 없고 오직 리액트만 믿으며 리액트가 망하면 나도 개발자를 그만두겠다는 깊은 애정과 취향은 존중받아 마땅하겠으나 많은 사람이 받아들일 수 있을지는 모르겠다. 일단 나는 아닌 듯하다.

자바스크립트를 얼마나 아는지 테스트할 때 스코프scope나 클로저closure를 복잡하게 짠 코드를 제시하며 '이 시점에 이 변수의 값은 무엇일까', '여기의 this는 무엇을 가리키는 것일까' 혹은 '이 코드를 어떻게 개선할 수 있을까' 등을 묻는 경우가 있다. 실무에서 이렇게 짜면 욕먹는다고 답하고 싶을 수 있다. 복잡하게 꼬아놓은(하지만 불필요한), 그야말로 '문제를 위한 문제'처럼 보이지만 실제 개발에서 디버깅하다 보면 드물지 않게 경험하는 상황이기도 하다.

에이, 누~가 이렇게 짜요? 니가 그렇게 짭니다. 아닐 것 같지?

리액트, 뷰Vue 등 컴포넌트 단위 설계를 전제하는 모던 프레임워크가 자리잡으면서 자연스럽게 단위 함수를 분리하는 방향으로 작성하게 됐다. 그리고 프레임워크가 자동으로 바인딩해주는 부분도 있어 고전적인 스코프 문제는 많이 줄었지만 비동기 구현을 하다 보면 생각하지 못한 곳에서 막히는 경우가 적잖이 생긴다.

예를 들어보겠다. 리액트 컴포넌트 componentDidMount()에서 다음과 같이 코드를 작성하면 각 this는 무엇을 가리킬까?

```
setTimeout(() => { console.log(this)}, 1000);
setTimeout(function() { console.log(this)}, 1000);
```

만약 setTimeout()의 인수로 주는 함수가 인라인 함수가 아니라 컴포넌트 내부 메서드라면 이때 메서드 내 this는 무엇을 가리키는 것일까? 동료들과 대화할 때는 '그렇게 안 짜면 됩니다'라고 웃어넘기지만 정작 변수 범위를 잘못 생각해서 버그를 만들곤 한다.

렉시컬 스코프lexical scope니 호이스팅hoisting이니 용어 정의는 줄줄 외우면서 자신이 작성한 코드의 영향 범위를 모른다면 디버깅에 정말 많은 시간을 쓰게 될 것이다. 이 개념들을 잘 몰라도 프런트엔드 개발은 시작할 수 있겠지만 다들 잘 알고 있듯이 네모난 바퀴를 힘들게 미는 것보다는 잘 깎아서 동그란 바퀴를 미는 게 훨씬 빨리, 멀리 갈 수 있지 않은가. 자신의 바퀴를 충분히 둥글게 깎는 수고를 아끼지 말자.

일반적으로 면접 전에 치르는 코딩 테스트는 주어진 조건을 코드로 표현할 수 있는지 최소한의 개발 역량을 확인하기 위함이다. 문제에서 요구하는 것을 정확히 이해하고 조건 및 반복, 변수 할당과 같은 기초 문법을 사용하여 '동작하는 코드'로 만들어내는 능력이 필요하다. 소위 '족보'라 불리는 기출문제와 풀이만 달달 외우거나 간절함에 응답한 우주의 기운이 도움을 줘서 어찌어찌 우수한 점수를 얻은 사람들이 기술 면접에서 코드 작성형 문제를 만나면 당황하는 이유가 여기에 있다. 쿠키와 강아지 사진을 구분하는 훈련만 한 인공지능에 신호등 사진을 주면 당황하는 것처럼 방금 전까지 자신 있게 설명하던 스코프, 클로저, 클래스를 코드로 표현하지 못하고 문제만 들여다보며 눈싸움을 한다. 우리는 훌륭한 인간 지능이다. 아직 초기 단계인 인공지능보다는 좀 더 나은 학습법을 권한다.

이런 허점 때문에 코딩 테스트의 신뢰성과 유효성을 비판하는 목소리가 높다. 정해진 테스트 케이스test case로 정량적 계측을 하려다 보니 검증할 수 있는 항목에 한계가 있다. 일부 수학적 알고리즘 풀이 문제는 코드를 작성할 수 없기 때문이 아니라 해당 수학 문제를 풀지 못해 답을 내지 못하는 경우도 있다. 수많은 전문가가 문제를 인식하고 대안을 고민하고 있으니 점차 효율적이고 효과적인 개발 역량 측정이 이루어질 수 있으리라 기대한다. 다만 어떤 방법으로 측정하더라도 본질적인 기준, 프런트엔드 개발자에게 기대되는 자바스크립트 숙련도 자체는 달라지지 않을 테니 시작하는 프런트엔드 개발자의 학습 방향에는 흔들림이 없을 것이다.

필요한 '기술이 아닌' 것

적당히 하기

지금까지 실컷 컴퓨터 공학 지식을 바탕으로 최신 기술을 이해하라고 했으면서 갑자기 적당히 하라고 말하는 게 이상할 수 있다. 하지만 나한테 맞는 도구를 택할 줄 아는 것도 개발자의 중요한 역량이다. 어떤 분야가 되었든 새로운 기술에 대한 흥미와 열정은 중요하다. 프런트엔드 개발처럼 트렌드가 빠르게 변화하는 분야에서는 더욱 그렇다.

루이스 캐럴Lewis Carroll의 동화《거울 나라의 앨리스》에는 이런 장면이 나온다. 앨리스와 붉은 여왕은 나무 아래에서 숨을 헐떡이며 계속 달린다.

"계속 뛰는데 왜 나무를 벗어나지 못하나요?"

"여기서는 힘껏 달려봤자 제자리야. 나무를 벗어나려면 지금보다 두

배는 더 빨리 달려야 해.”

'붉은 여왕 가설' 혹은 '붉은 여왕 효과'로도 불리는 이 역설은 다양한 상황에서 비유적으로 쓴다. 프런트엔드 개발자가 평범하게 기술력을 유지하는 데 드는 노력을 묘사하기에도 좋다.

프레임워크만 해도 그렇다. 2022년 시점에서는 리액트 프레임워크가 업계 표준이 되었지만 처음 공개됐을 때만 해도 앵귤러JS를 밀어내고 판을 지배하리라고 예측한 사람은 그리 많지 않았다. 번들러_{bundler}는 어떤가. 브라우저리파이_{Browserify}까지 거슬러 올라가지 않더라도 이제 그런트_{Grunt}, gulp.js를 사용하는 곳은 거의 찾아볼 수 없다. 웹팩_{Webpack}이 업계 표준인가 싶지만 한쪽에서는 롤업_{Rollup}과 파셀_{Parcel}을 지나 esbuild 등 새로운 도구가 끊임없이 나타나고 사라지고 있다. 더 빠르게, 더 가볍게, 더 효율적으로 개발하고자 온갖 방법론과 도구가 순식간에 나타나고 사라진다.

항상 최신 기술과 도구를 사용하며 트렌드에 민감하게 반응하는 개발자는 멋있어 보인다. 늘 화제의 중심에 서서 누가 “그런 게 있던데요” 하면 “아, 그거 써봤어요”로 시작하는 경험담을 풀어내고 기술 콘퍼런스 발표와 아티클을 쏟아내는 개발자가 되고 싶다면 프런트엔드 개발처럼 유행이 빠르게 변하는 분야만큼 기회가 많은 곳도 없다. 최신 기술 선봉에 서는 것이 다 같이 추구해야 하는 유일한 가치일까?

조직 내에 특정 기술을 다룰 줄 아는 사람이 나뿐인 경우 대체할 수 없는 인재로 대우받을 가능성도 있다. 혹은 다른 기술과 인력으로 통째로 대체될 수도 있다. 내가 생산한 코드 수명이 내 재직 기간과 일치한다는 건 슬픈 일이다. 나는 거대하고 정교한 '똥'을 공들여 만들고 누군가 그걸 치워야 한다는 의미이기도 하다. 물론 천재적인 감각으로 미래를 읽어 업계 표준이 될 기술을 먼저 수용하고 널리 전파하는 트렌드세터가 될 수도 있다. 10년 전 이미 리액트 성공을 예측하고 자신의 커리어를 바친 사람들은 비트코인이 1달러일 때 사뒀을지도 모른다. 주변에 있으면 친하게 지내자. 그렇지 않다면 기술 스택을 고민할 때 신중해야 한다. 버전 0.1일 때 뾰로롱 반해서 도입한 라이브러리와 프레임워크를 내가 끝까지 책임지고 끌고 갈 것이 아니라면 다시 생각해보자. 업계를 이끄는 스타 개발자들이 열광하고 빅테크 기업이 후원하는 프로젝트도 사라지는 건 순간이다.

앵귤러JS를 기억하라. 최신 기술과 최신 스타일 코드도 좋다. 하지만 그것이 내가 진행할 과제, 만들어야 할 제품에 적합한지를 먼저 생각하고 '적당한 기술'을 '적당한 구조'로 선택할 줄 아는 것도 기술이다. 확장성과 대용량 데이터를 고려한 정교한 구조를 설계하느라 시간을 보내기 전에 내가 만드는 서비스를 누가 얼마나 쓸지, 지금 만드는 코드가 어느 시점에 다시 교체가 필요할지 생명 주기를 먼저 생각하자.

한 컨설턴트는 기술력을 고민하는 스타트업 기업 대표에게 다음과 같은 조언을 한다고 한다.

"만들고 계신 서비스에 사용자가 너무 많아서 문제가 될 확률이 높을 까요, 없어서 문제가 될 확률이 높을까요?"

네이버는 대한민국을 대표하는 웹 서비스다. 하지만 하위에 있는 모든 서비스가 일일 수천만 명분의 트래픽을 감당하지는 않는다. 확장 및 유지 보수를 고려한 유연한 설계와 기술 스택은 언제나 필요한 고민이지만 전체 과업을 잡아먹지 않도록 '적당히' 고민하자.

사용자 경험에 대한 이해

기획 요구 사항, 디자인 시안에서 설계 의도를 파악할 수 있어야 유연한 개발이 가능하다. PSD 파일을 받아서 한 치의 흐트러짐 없이 그림과 완벽하게 똑같은 마크업을 작성하고 자바스크립트를 얹어서 돌아가게 만들어놓았다. 하지만 마지막 순간에 '여기는 저쪽에 구현된 거랑 똑같이 반영해주세요'라는 한마디가 추가되면 어떻게 될까? '눈으로 보기에는 동일한 것 같지만 여기에 붙이려면 마크업 바꿔야 하고요', '복사 붙여넣기로 해결이 안 되고요' 등 하고 싶은 말이 많을 것이다. 하지만 그냥 '넵' 하고 삼키지는 않았나? 어떻게 아냐고? 나도 알고 싶지 않았다.

일반적으로 컴포넌트 단위 개발 프레임워크와 상태 관리 라이브러리를 조합해 사용한다. 페이지에서 고정된 부분, 변경될 부분, 재사용되는 부분을 먼저 나눈 후 단위 요소를 채워나가는 방식이다. 이런 컴포넌트 단위의 설계는 기획 및 디자인 단계부터 함께 고려해야 수월하게 진행할 수 있다.

만약 다 똑같은 검색 폼인데 어디에서는 꼭 엔터 키를 눌러야 검색이 되는데 어디에서는 키 입력과 동시에 반영이 되고, 어디에서는 입력한 내용을 지울 수 있는 버튼이 제공되는데 다른 곳에는 없다거나 하는 식으로 일관성이 없다면 어떻게 될까? 개발자는 비슷한 기능을 하는 컴포넌트를 여러 개 반복해 만들어야 하고 디자이너도 요소마다 제각각 디자인 가이드를 줘야 한다. 개발 과정도 고통스러운데 사용자 입장에서도 주어진 인터페이스가 어떻게 동작할지 예측할 수 없어 혼란스럽다.

해당 문제를 사전에 막으려면 기획 단계부터 '검색 폼'이라는 하나의 단위 요소가 정의되어야 한다. 협업하는 기획자와 디자이너 들이 컴포넌트 단위 설계에 익숙하다면 기술 검토를 할 필요도 없이 이미 단위 요소를 잘 정의해서 전달해줄 것이다. 개발자는 그대로 구현하는 것에만 집중할 수 있을 테니 이상적인 개발 프로세스가 진행되겠지만 세상이 그렇게 호락호락하지 않다. 항상 경험 많고 배려심이 넘치는 동료와 협업할 수 있는 것은 아니다. 만약 설계 단계에서 고려해야 할 내용들이 고려되지 않은 채 개발자에게 넘어온다면 프런트엔드 개발자는 자신의 이해와 감각을 발휘해 설계 담당자와 많은 소통을 하고 필요한 부분을 함께 채워나가야 한다.

결과물이 눈에 보이고 사용자 손에 닿는 부분을 만드는 것이 즐거워 프런트엔드 개발을 택했다고 말하면서 '디자이너가 이렇게 줬으니까', '기획서가 이렇게 되었으니까' 하고 검정 배경에 검정 글씨가 올라가는 상황을 그대로 놔둘 것인가? 설계를 그대로 개발로 옮기기에 부족한 부분이 있다면 설계가 달성하고자 하는 목표가 무엇인지, 사용자에게 어떤 경험을 주고 싶었는지 설계 의도를 파악하고 기술적으로 어려움이 있더라도 적절한 대안을 제시하는 것도 가능하다.

전반적인 기획 및 디자인은 당연히 각 영역 전문가가 할 일이다. 하지만 한 사람의 사용자로서 생각하고 구현하기 전 설계를 이해하고 가능한 기술적 대안을 제시할 수 있을 때 더 나은 제품을 만들 수 있다. 예를 들어 로그인된 사용자를 전제하고 '내 정보'를 표시하는 디자인을 받았다면 비로그인 사용자는 어떻게 다루는 것이 좋을지, 스크롤해서 내려가면 계속 새 요소를 추가하는 무한 스크롤 기획인데 디자인에서는 중요한 링크를 푸터에 배치하는 모순이 발생하면 어떻게 풀어나갈지, 사용자 선택이나 조건에 따라 변경되는 부분과 그렇지 않은 부분은 어떤지, 사용자의 시선과 동선을 고려하면 다음 화면이 어떻게 되어야 자연스럽게 될지 등 다양한 상황과 조건을 기술 관점에서 고려할 수 있어야 한다.

프런트엔드 개발은 사람이 직접 보고 조작하고 경험하는 영역을 다룬다. 프런트엔드 개발자는 기술과 사람의 경계에서 상상을 현실에 만들어내는 사람들이다. 눈에 보이지 않는 기술적인 아름다움을 추구하는 것도 필요하지만 눈에 보이는 부분을 아름답게 만들어내는 것이 먼저 요구된다. 기획자 및 디자이너와 서로 사고방식이 다르기 때문에 오해와

갈등은 필연적으로 발생한다. 수없이 많은 대화를 하며 상대의 생각을 듣고 이해하려고 노력하는 수밖에 없다. 타 직군 동료에게 기술 용어와 구조를 설명하는 것보다 '가이드에 따라 만들면 대략 이런 모양이 될 겁니다'처럼 실제 눈으로 볼 수 있는 예제나 프로토타입을 보여주는 것이 훨씬 이해가 빠르다. 프런트엔드 개발자는 자신이 만들어낸 결과물을 사용자 시각에서 사용자의 언어로 풀어서 설명할 수 있어야 한다. 첫 번째 대상이 옆에 있는 당신의 동료들이다.

Enjoy it!

신입부터 경력까지 프런트엔드 개발을 왜 하려고 하는지 혹은 왜 하는지를 물으면 열 명 중 아홉은 눈에 보이는 것을 만들기 때문에 즐겁다고 한다. 다른 사람들에게 "이거 내가 만들었어"라고 자랑하는 그 순간은 늘 새롭고 짜릿하다.

앞서 '나는 왜 프런트엔드 개발을 하는가'에 대한 각자의 답을 찾으라는 이야기를 했다. 어쩌면 답은 정해져 있을지도 모르겠다. 재미있으니까 한다. 재미있어야 한다. 버전마다 다른 삼성 인터넷의 오묘한 스크롤 이벤트와 씨름하던 순간, 여지껏 IE9조차 떠나보내지 못하는 환경에 분노하던 순간, 끊임없이 쏟아지는 새로운 기술과 다양한 클라이언트 환경에 대응하다 멀미할 것 같을 때 문득 내가 왜 이걸 하고 있나 생각하면 그 모든 것의 시작과 끝에는 '재미'가 있었다. 눈으로 보고 손으로 만지면 움직이는 걸 내가 만들어내는 그 맛에 프런트엔드 개발을 한다.

프런트엔드 개발자에게 필요한 것은 프런트엔드 개발을 재미있다고 여기는 것이다. 그 외의 것은 아무래도 좋다. 즐기는 데 필요하면 다 자연히 채워지기 마련이다.

Enjoy it!

미국의 신입 개발자
한국으로 돌아오다

하성욱

미국에서 대학을 졸업하고 정착하려나 싶더니 코로나가 터져 한국으로 돌아오게 된 소프트웨어 엔지니어. 현재는 네이버에서 쇼핑검색서비스 프런트엔드 엔지니어로 근무 중이다. 일을 하지 않을 때는 커피를 내리고 라떼 아트를 하고 사진도 찍고 골프도 치는, 취미를 줄이지 못해 걱정인 개발자다.

2020년 4월 평화롭던 목요일 오후였다. 갑자기 다음 날 있을 전사 미팅에 초대됐다. 코로나19 때문에 뉴욕을 시작으로 미국 전체가 셧다운된 지 한 달쯤 된 날이었다. 내가 다니던 미국의 렌딩홈LendingHome(현 Kiavi)도 전 직원이 재택근무한 지 한 달 정도 됐던 때였다. 불안이 엄습했다. 한창 링크드인에 다른 회사의 구조 조정 소식이 들려왔다. 이런 시기에 하루 전날 갑자기 전사 미팅을 한다니…. 직감적으로 구조 조정이 있을 것이라는 느낌을 받았다. 불안한 마음을 다잡고 하루를 마무리했다.

다음 날 아침이 밝았다. 전사 미팅에 들어갔다. 역시나였다. 미국의 부동산 업계가 얼어붙었으며 구조 조정이 불가피하다는 내용이었다. 특히나 렌딩홈은 픽스앤플리퍼fix and flipper[1]를 위한 모기지론을 판매하던 회사라 직접적으로 타격을 받았다. 300명 가량의 구성원 중 50명이 해고를 당했고, 50명은 furlough(무기한 휴직), 50명은 감봉한다는 내용이었다.

---

1   수리가 필요한 집을 저렴하게 사서 수리하고 1년 뒤 차익을 보고 판매하는 전문 부동산업자를 말한다.

미팅이 끝나고 팀장님, 인사 담당자와의 구글 미트_{Google Meet} 초대가 왔다. 나는 해고를 당한 50명 중 한 명이었다. 팀장님은 스스로 은퇴를 했고 같이 인턴을 하고 여름에 입사하기로 했던 동기들은 입사를 해보기도 전에 취소됐다. 그렇게 금요일 오후, 내 회사 계정은 전부 삭제됐다. 말로만 듣던 미국의 당일 해고 통지였다.

그나마 다행인지 알 수는 없지만 한 달 월급을 더 준다고 했다. 이직할 시간을 벌어준다는 명목이었지만 전부 구조 조정을 하던 시기에 졸업한 지 갓 5개월 된 신입이 갈 수 있는 회사를 찾을 수 있을 리 만무했다. 마침 아마존에서 일하던 대학교 동기가 있어 나를 추천해줄 것을 부탁해 지원했다. 하지만 그마저도 아마존에서 보낸 코딩 테스트가 지메일의 스팸함으로 들어가 만료됐고 3주 뒤에나 그 사실을 확인했다. 스팸함에서 코딩 테스트 메일을 발견한 난 뒤늦게 리크루터한테 메일을 보냈지만 역시나 묵묵부답이었다. 나 같은 실수는 절대 하지 말자. 회사에 지원했다면 스팸 메일도 반드시 매일 체크하자!

그 길로 나는 한국으로의 귀국을 준비하기 시작했다.

'컴퓨터 잘하는 아이'가 '개발자'가 되다

돌아보면, 어릴 때부터 컴퓨터 하는 것을 참 좋아했다. 친구 사이에서는 '컴퓨터 잘하는 아이'라고 하면 나를 꼽았다. 당시 컴퓨터를 잘한다는 것은 단순히 윈도우를 설치하고 프로그램을 잘 깔아주는 것이었다. 고등학교 때부터 직접 데스크톱을 조립했다.

성적에 맞는 과를 선택하는 것을 제외하면 '컴퓨터 공학' 전공을 선택하는 제일 흔한 이유가 아닐까. '남들보다 컴퓨터 다루는 걸 조금 더 잘하는 친구', '컴퓨터 기능을 조금 더 잘 다루는 친구'였던 난 막연하게 컴퓨터 프로그래머(요즘은 개발자라고 하지만 그때는 프로그래머라는 명칭이 더 흔했다)를 꿈꾸게 되었다.

2010년 고등학교에 진학하면서 그 꿈은 조금씩 구체화되기 시작했다. 진학했던 고등학교는 충청북도 음성군에 있는 한 기숙학교였다. 미국 커리큘럼을 가르치는 국제학교(라고 쓰고 대안학교라고 읽는다)였다. 기숙학교였기에 핸드폰도 학교에 있을 때는 반납하고 한 달에 한 번 주말에만 외박이 허용됐으며 전자 기기는 금지였다. 컴퓨터는 과제가 있을 경우에만 컴퓨터실에서 쓸 수 있었다. 지렁이도 밟으면 꿈틀한다고 했던가. 당시 컴퓨터 관련으로 진로를 꿈꾸던 나는 온갖 편법을 생각해보다가 동아리라는 결론에 다다랐다.

2학년이 됐다. 말 잘하는 친구와 함께 교장실 문을 두드렸다. 나는 말주변이 좋지 못했지만 친구는 당차서 자기주장을 굉장히 잘 펼쳤다. 당시 노트북 반입은 3학년 졸업반이 원서를 쓰기 위해서만 가능했다.

"컴퓨터를 전공하겠다는 친구가 컴퓨터를 쓰지 못하면 되겠습니까!"

친구는 나를 위해 의견을 피력했고 동아리 개설을 허락받았다. 단 최소 인원 여섯 명이라는 조건이 있었다. 친한 친구 네 명을 끌어들이고 중

학교 3학년이었던 친구 한두 명에게 신청받아 동아리를 개설했다. 담당 선생님은 정보 관련 과목을 가르쳐주던 선생님께 부탁드렸다. 드디어 컴퓨터 프로그래밍 동아리를 시작하게 됐다.

그렇게 나는 PHP 5, HTML, CSS, 자바스크립트, 제이쿼리jQuery부터 프로그래밍을 시작했다.

미국에서 대학교에 진학하다

나름 조기 프로그래밍 공부를 시작했던 나는 자연스럽게 학교 커리큘럼을 따라 2013년 8월, 미국 유학을 떠났다. 일리노이 대학교의 컴퓨터 공학과였다.

미국 대학교는 들어가는 것은 쉽지만 나오기란 어렵다고들 한다. 일리노이 대학교도 마찬가지였다. 내가 입학하던 해에 일리노이 대학교의 합격률은 66%였다. 나름 미국에서 컴퓨터 공학과로는 5위(스탠퍼드 대학교, 캘리포니아 대학교 버클리, 매사추세츠 공과대학교, 카네기 멜런 대학교가 매해 1위 싸움을 한다)를 자랑했지만 입학은 생각보다 어렵지 않았다. 입학한 뒤 나는 왜 들어가기 쉽지만 나오는 것이 어렵다는 것인지 깨달았다.

A를 받는 것은 손에 꼽았고 B라도 받으면 성적을 잘 받는 축이었다. 미국 대학원들은 대학교 3년간 3.0 이상의 평점을 요구했는데 평균 B를 받는 것은 쉬운 일이 아니었다. 결국 나도 못 받고 졸업했다. 많은 한국 학생은 전공과 상관이 없는 교양 수업이나 점수를 잘 주고 족보가 있는

눈이 쌓인 아름다웠던 겨울의 학교 전경

수업만 듣는 경향이 있다. 심지어 전공도 그런 류의 수업만 듣는 경우가
허다했다.

성적 따위 개나 줘버리지!

내 마인드였다. 듣고 싶은 수업을 들었고 결과는 만족스럽지 못했다.
미국의 빅테크 인턴십은 꿈도 못 꿨지만 그때까지만 해도 빅테크 욕심은
크지 않아 개의치 않았다. 다양한 주제를 접해보는 것이 좋았다. 블록체
인 Smart Contract(스마트 계약) 수업, Applied Machine Learning(응용 머
신러닝) 수업, 인공지능 수업 등을 들었다. 대신 남들 다 듣는다는 데이터
베이스나 네트워크 수업은 듣지 않았다(사실 데이터베이스 수업은 수강 신청에
실패해서 못 들었다).

남들이 시험 공부를 할 시간에 이력서를 썼다. 매 학기 100곳 이상의 인턴십 원서를 썼다. 미국에서는 학생들이 여름방학마다 기업 인턴십을 다닌다. 나는 빅테크는 답이 없으니 어디든 인턴십만 붙어서 정규직 오퍼를 받고 졸업한 후 일을 하자는 전략이었다. 그렇게 3학년 가을 학기가 됐다. 졸업 전 마지막 여름을 위한 인턴십에, 단 한 군데에 합격했다. 미국의 테크 기업은 주로 'phone screening(전화 면접)→코딩 테스트→기술 면접' 순으로 면접이 진행된다. 100곳 중 한 곳에서 코딩 테스트가 왔고 면접을 보고 합격했다. 렌딩홈이었다. 나머지 99곳 중 두 곳은 전화 면접에서 떨어졌다. 100곳 중 한 곳이었기 때문에 무슨 회사인지도 몰랐다. 관심도 없었다. 미국에서 개발자 커리어를 시작할 수만 있다면 상관없었다. 이때까지만 해도 회사 자체는 중요하지 않았다.

미국에서 인턴십을 시작하다

2019년 6월, 미국에서의 첫 인턴십이 시작됐다. 한국에서도 인턴십이나 프리랜서로 개발 일을 한 적이 있었지만 무려 '미국'에서의 첫 인턴십이라는 생각에 굉장히 들떴다.

대학교를 다니던 일리노이 주의 샘페인에서 인턴십을 하게 된 피츠버그까지 여덟 시간이라는 시간을 쉬지도 않고 짐 한가득 싣고 달려 이사했다. 새벽 1시에 피츠버그에 도착했다. 고등학교 후배가 방학 동안 지내라고 빌려준 집에 짐을 풀었다.

다음 날, 피츠버그 다운타운 근처에 위치한 렌딩홈에 출근했다. 출근하고 나서야 무슨 회사인지 알았다. 렌딩홈은 픽스앤플리퍼를 대상으로 1년짜리 단기 주택담보대출을 내주는 프로세스를 혁신하는 회사였다. 인턴십을 수행하게 될 팀은 핵심 기능을 담당하는 Automated Loan Origination(줄여서 ALO라고 칭했다) 팀이었다. 대출을 실행하는 과정 중 대출 심사를 자동화하여 심사자의 업무 부담을 줄여주는 소프트웨어를 개발하는 팀이었다.

첫 출근을 하고 팀 매니저와 멘토를 맡아준 시니어를 만났다. 회사 시스템에 대해 설명을 들었다. 내 자리에 앉을 때까지만 해도 굉장히 편안한 분위기였기에 행복했다. 맥북을 제공받았고 자리에는 24인치 듀얼 모니터와 스탠딩 데스크가 세팅돼 있었다. 자리에 앉은 뒤에는 팀 깃허브 레포와 함께 깃북GitBook에 기록된 매뉴얼을 받았다. 매뉴얼을 읽어보면서 사내 시스템을 익히라는 말과 함께 인턴십은 시작됐다.

첫 1주는 아무 생각 없이 매뉴얼을 읽었다. 팀 코드베이스를 클론받아 살펴보며 시간을 보냈다. 아무도 나에게 일을 주지 않았다. 그때까지만 해도 교육 기간이라고 생각했다. 팀 내 적응할 시간을 주는 것인가 했다. 그도 그럴 것이 회사에서 쓰는 언어는 루비Ruby였고 루비 온 레일즈Ruby on Rails[2]와 리액트를 기반으로 프로젝트가 진행되고 있었다. 둘 다 처음 접

---

2   루비 기반 풀스택 개발 프레임워크. 서버와 프런트엔드를 개발할 수 있는 MVC 프레임워크다.

하는 언어와 라이브러리였다. 그래서 공부하라는 것인가 했다.

한국에서 나고 자란 나는 수동적으로 행동하는 것에 익숙해져 있었다. 군대에서는 누가 시키지 않으면 하지 않는 것이 미덕으로 여겨졌고, 학창 시절에는 학원이나 학교 숙제를 하기에도 바빴다. 먼저 적극적으로 나서서 할 일을 찾는다는 것이 굉장히 어색했다. 그래서였다. 누가 일을 주는 것을 기다리고만 있었다. 2주가 지나고 3주가 지날 때까지 나에게 일을 주는 사람은 없었다.

인터십 기간은 총 12주였다. 1/4이 지나는 동안 아무것도 하지 않고 매일 자리에 앉아서 코드베이스만 들여다봤다. 미팅만 참석하면서 무슨 말인지 이해도 제대로 하지 못한 채 시간을 허비했다. 이렇게 3주를 보냈다. 불안해졌다. 일을 찾아 나서기 시작했다. 매일 오후 12시 30분에 진행되던 일일 스크럼daily scrum[3] 시간에 할 일은 없느냐고 물었다. 그제서야 팀원들은 일거리를 하나씩 주기 시작했다.

처음 써보는 언어로 인터십을 하는 나에게 팀원들이 준 과제는 단순한 인턴 과제가 아니었다. 실제 운영에 적용되는 기능의 일부를 직접 개발하는 일이었다. 같은 팀 시니어들이 개발하는 기능에 들어가는 보험 적합성을 판별하는 비즈니스 로직을 직접 구현하는 일을 수행했다. 로직

---

[3] 매일 프로젝트 진행 상황을 확인하고 피드백하는 절차다. 사람당 1분 안으로 전날 한 일, 오늘 할 일, 마주친 문제 등을 간략하게 공유한다.

을 하나하나 구현할 때마다 시니어가 개발하는 기능에 기여되는 걸 봤다. 총 30개 정도의 보험 적합성 판별 로직을 인턴십 동안 구현했다. 2주 주기로 사내 대출심사역의 피드백을 받으며 서비스 오픈에 기여했다. 그동안 겪어보지 못한 새로운 경험이었다.

비즈니스 로직을 구현하는 것은 그리 복잡하지 않은 단순한 작업에 가까웠다. 엑셀 시트로 전달받은 비즈니스 로직을 큐컴버Cucumber라는 BDDbehavior-driven development 툴로 실행할 수 있도록 Gherkin 문법으로 작성하는 일을 주로 했다. 로직을 고민하는 시간보다는 정해진 로직을 구현하는 쪽에 가까웠다. 내가 정해진 비즈니스 로직을 Gherkin을 활용해 BDD 테스팅 코드를 구현하면 시니어가 개발한 소프트웨어를 통해 각 대출 서류가 통과하는지 검증하는 작업이었다.

남은 인턴십 기간 동안 그렇게 비즈니스 로직을 구현해냈다. 비교적 단순한 축에 속하는 작업이었기에 팀 깃허브 저장소 커밋 수 기준으로 해당 기간 기여율 2위를 차지하는 성과를 달성할 수 있었다.

인턴십 프로젝트 발표까지 마친 뒤 정규직 오퍼를 받았다.

미국 정규직 개발자가 되다

인턴십이 끝난 후 2019년 12월 21일, 마지막 한 학기를 마치고 드디어 학부를 졸업했다. 쉽게 졸업했…다면 좋았겠지만 1학년 때 망친 학점은 끝까지 날 괴롭혔다. 8학기의 대학 생활 동안 제일 힘들었던 한 학기였다. 전공과목만으로 꽉 찬 학기였다. 졸업에 필수인 컴퓨터 구조 및 설계 수업에서는 CPU와 캐시를 직접 코딩해야 했다. 머리가 아프지 않을 수 없었다. 만약 지금 기억나는 것이 있느냐고? 원래 시험이 끝나면 다 잊어버리지 않는가.

학부를 졸업하고 인턴을 했던 렌딩홈으로 돌아갔다. 드디어 정규직 개발자로서 커리어를 시작했다. 정규직 개발자로서의 일상과 인턴십 일상은 크게 다르지 않았다. 단 인턴 때는 Gherkin을 사용해 비즈니스 로직을 테스트하는 코드 위주로 작업했다면 정규직 때는 실제 소프트웨어 로직을 개발했다. 그만큼 인턴에게 많은 기회를 주는 회사였다.

미국 회사의 특징

인턴십을 하며 배웠던 것 중 중요한 하나는 미국 회사에서 일을 할 때는 일을 찾아서 해야 한다는 것이었다. 렌딩홈은 애자일Agile 방법론을 적극적으로 실천하는 회사였다. 팀 내 시니어 중 한 분은 미국에서 열리는 애자일 콘퍼런스에서 발표도 할 정도로 애자일 방법론에 진심이었다. 이분 주도로 팀 안에서 적극적으로 스프린트[4]를 도입해 개발이 진행됐다.

애자일 방법론의 핵심 프로세스 중 하나인 일일 스크럼에서 빈 티켓[5]을 발견하면 누가 시키지 않아도 하겠다고 나서는 것이 습관이 됐다. 최대한 빠르게 해결하려고 노력했다. 나서지 않으면 누구도 일을 주지 않는 곳이 미국이었다. 그리고 성과를 내지 못하면 언제든지 해고될 수 있는 곳도 미국이었다.

인턴십을 하는 동안 우리 팀의 옆 자리에서 일하던 인도인 개발자가 있었다. 일하는 자세가 굉장히 인상적이었다. 정규직으로 돌아와보니 해당 개발자는 보이지 않았다. 항상 데스크톱 본체에 양다리를 꼬아 올리고 의자에 거의 눕다시피 해 일했다. 인턴십 기간 중 성과가 나오지 않는 직원의 구조 조정이 있었다고 한다. 그때 구조 조정을 당한 것 같았다. 열심히 하는 모습을 보여주지 않으면 언제든 해고될 수 있는 곳이라는 사실을 일깨워줬다.

열심히 일을 찾아서 해야 한다는 것은 아무도 일을 강제로 시키지 않는다는 자유에 따르는 책임이었다. 미국이 기회의 땅이라고 불리는 데에는 자유와 책임이 깔려 있다. 톱다운top-down 방식으로 일을 시키는 것이 아니라 개개인이 책임감을 가지고 자유로운 환경에서 일을 해나가는 만큼 본인의 책임을 다하면 연차와 상관없이 기회가 주어졌다. 같은 시기에 일했던 개발자 중 한 명은 첫 직장이었지만 1년 만에 시니어로 승진하기도 했다.

4　짧은 기간(주로 2주)을 기준으로 해 할 일을 나누어 업무를 진행하는 방법이다. 스프린트 시작에는 플래닝을 통해 스프린트 동안 할 일을 정리하고 스프린트 끝에는 회고를 통해 다음 스프린트를 진행하기 전 현재 스프린트를 돌아보는 시간을 갖는다.

5　애자일에서 주로 사용하는 간반 보드(kanban board)에서 해야 할 일을 정리해놓은 단위이다. 깃허브의 이슈와 동일하다고 할 수 있다.

렌딩홈 피츠버그 오피스 전경

　승진 기준도 굉장히 확실하고 투명했다. 직급별로 요구되는 역량이 엑셀 파일에 표로 기록돼 매니저가 공유한다. 해당 파일에 기록된 역량을 모두 갖추었다고 판단되면 승진하는 시스템이었다. 입사 연차보단 실력과 역량이 위주가 되는 사회였다. 개발자라고 요구되는 역량이 개발 실력 위주는 아니었다. 얼마나 더 큰 그림을 볼 수 있는지, 소프트웨어를 만들면서 회사의 비즈니스를 같이 볼 수 있는지 등 비즈니스 역량을 굉장히 중요하게 봤다.

　미국의 회사 문화에는 굉장히 많은 기회가 곳곳에 있다. 스크럼을 진행할 때는 해당 스프린트 기간 동안 스크럼을 진행하는 스크럼 마스터 scrum master가 있다. 렌딩홈에서는 스프린트 기간인 2주마다 돌아가면서 스크럼 마스터를 맡았다. 인턴십 중에도 스크럼 마스터를 해봤을 정도로 미국은 연차에 상관없이 중요한 역할을 맡기는 것을 주저하지 않는다. 인턴이 2주 동안 일간 회의를 주도하는 것을 상상해보자. 전혀 상상해보지 못했던 일이었다.

이 밖에도 2주마다 진행하는 런치앤런lunch and learn 행사가 있었다. 점심 시간에 간단하게 먹으면서 사내 개발자들이 번갈아 가며 본인이 공부한 내용이나 작업 내용을 짧게 공유하는 시간이었다. 또 Monthly All Hands라는 월간 전사 회의가 있었는데 각 팀의 성과를 공유하는 자리였다. 신입 직원이 발표하거나 성과가 좋았던 직원이 있으면 이달의 직원으로 표창하는 등 직원의 사기를 진작시키고 성장을 도와주는 장치가 굉장히 많았다.

자유와 책임, 그리고 그것을 다했을 때 주어지는 기회가 미국에서 가장 인상 깊었던 일이다. 역량에 따른 직급이 존재하지만 직원 간 급을 나눠 수직적인 관계를 형성하는 것이 아니라 직원들에게 명확한 성장의 기준을 제시해주고 시니어가 주니어를 이끌어주는 직급이라는 점도 말이다. 일을 하는 양은 주니어보다 시니어가 배로 많고 그것을 당연하게 여기는 사회인 것도 색다른 문화였다. 물론 지금은 수직적인 문화가 한국의 군대 문화가 가졌던 안 좋은 문화이고 현재 다니는 네이버를 포함해서 그렇지 않은 한국 회사도 많다는 사실을 안다.

또한 팀장, 즉 매니저 역할이 한국과는 조금 달랐다. 미국에서는 개발자로 취직해 승진할 때 두 가지의 성장 방향성 중 하나를 택한다. 하나는 관리직으로 가기 위한 매니저 테크, 또 하나는 은퇴할 때까지 개발을 하고 싶은 사람들을 위한 엔지니어 테크다.

관리직을 지망하는 사람들은 어느 정도 개발자로 일하면 엔지니어링 매니저라는 직무로 변경하는데, 우리가 흔히 생각하는 팀장이다. 즉 엔지니어링 매니저는 개발자 출신 관리직이다. 개발팀을 이끄는 역할을 하며 실무는 하지 않게 된다. 개발팀을 이끌어야 하기에 소프트웨어 설계나 개발적인 지식이 중요하다. 하지만 이는 본인이 관리하는 팀의 개발자들을 이끌기 위한 역량이지 직접 개발을 하는 데 필요한 역량은 아니다. 스크럼 등을 통해 개발 진행 상황을 파악하고 팀원의 부족한 부분을 조언해주는 정도로만 개발 지식을 활용한다.

엔지니어링 매니저는 팀을 관리하는 것이 주 업무다. 2주 간격으로 30분 정도의 일대일 면담을 진행한다. 시시콜콜한 일상부터 조언, 궁금한 점, 회사에 요구할 사항을 이야기하면 된다. 연봉 이야기도 이때 할 수 있다. 정기적으로 진행되는 면담이다 보니 시간이 지나면 부담감은 사라지고 팀장과의 유대감이 깊어진다. 또한, 민감한 주제를 이야기해도 불편함이 덜하다. 열 명 정도의 팀원과 2주마다 정기적인 면담을 하면 30분씩 진행을 했을 때 다섯 시간을 면담에 할애하는 것이다. 이 밖에도 매니저급 회의, 팀 회의 등을 참여하다 보면 매니저의 하루는 끝이 난다. 각 회의에서 나온 이야기를 팀원과 공유하고 주기적으로 팀원 한 명 한 명 들여다보면서 팀 분위기를 파악하고 관리하는 관리직 본연의 업무에 집중하는 것이 미국의 매니저가 하는 일이다.

엔지니어 테크를 타면 관리 업무에서 오는 스트레스는 받지 않는다. 스티브 워즈니악 같은 사람이 전형적인 엔지니어 테크를 탄 개발자다. 뛰어난 개발 역량으로 은퇴할 때까지 개발 실무를 진행한다. 코드가 고도화되고 설계가 더 단단해질 수 있다.

국내에서 일하면서 아쉬웠던 점은 많은 회사가 뛰어난 역량의 고연차 개발자들을 엔지니어로 승진시켜주는 자리가 없고 승진하려면 무조건 관리직이 되어야 한다는 점이었다. 어떻게 보면 국내 소프트웨어가 미국의 소프트웨어와 비교했을때 경쟁력이 떨어진다는 이야기를 듣게 되는데에는 이런 점도 한몫할 것이다.

구조 조정을 당하다

2020년 3월 첫 주, 정규직으로 입사한 지 세 달이 됐다. 팀장과 일대일 면담을 하는 시간이 왔다. 그런데 굉장히 뜬금없이 연봉을 인상해주겠다는 이야기를 했다. 회사에서 내 성과를 높이 사 6%의 연봉을 인상해주겠다는 것이었다. 입사한 지 만 두 달이 지나자마자 연봉이 6% 인상된다니 정말 기회의 땅이구나 싶었다. 큰 금액은 아니지만 회사의 작은 성의라는 팀장의 말을 들었을 때는 내가 잘못 들었나 싶었다. 보통 국내 회사는 이직하지 않으면 연봉 인상률이 평균 3~5% 정도다. 만약 10%를 인상하면 언론에 대서특필된다. 6%를 적은 금액이라고 표현하다니 이게 미국의 연봉 시스템이구나 느꼈다.

연봉 인상 이야기를 듣고 들뜬 기분으로 지낸 지 2주가 지났을 때였다. 미국에도 코로나19가 찾아왔다. 렌딩홈도 3월 중순부터 모두 재택근무에 들어갔다. 이때까지만 해도 집에서 편하게 일할 수 있다는 사실에 들떴다. 거실에 책상을 두고 살던 나는 일하면서 TV로 유튜브를 연결해 노래를 틀어놓고 고양이와 함께하는 행복을 만끽했다. 하지만 그 행복은 오래가지 못했다.

연봉 인상을 받은 지 한 달 반 정도가 지난 시점이었다. 2020년 4월, 나는 구조 조정을 당했다. 미국의 부동산 업계는 한 달 동안 전국적으로 거래가 0건이었다. 단기 주택담보대출을 내주던 렌딩홈은 회사의 생존이 불투명해졌다며 하루아침에 구조 조정을 단행했다.

목요일 오후에 다음 날 오전 일정으로 전사 회의가 잡히고, 금요일 오

후에 회사 계정의 권한이 모두 삭제됐다. 300명 중 절반에 달하는 150 명이 해고나 무기한 휴직, 감봉을 당했다. 나와 같이 인턴을 하고 졸업이 한 학기 늦어 7월에 입사가 예정됐던 동기는 입사가 취소됐다. 같이 해고를 당한 사람 중에는 팀장을 포함해 핵심적인 역할을 담당하던 시니어 개발자도 다수 포함됐다. 팀장은 뼈와 살을 깎는 구조 조정이었다며 위로했다.

구조 조정 소식을 듣던 날, 그동안 링크드인에 넘쳐나던 다른 회사의 구조 조정 소식을 봤기 때문인지 생각보다 무덤덤했다. 이곳저곳 지원서를 넣어봤다. 그리고 아마존의 코딩 테스트가 지메일의 스팸함으로 들어가 기회를 놓쳤을 때 이제 귀국하라는 신의 계시라는 생각이 들었다. 바로 귀국을 준비했다.

빅테크를 포함한 대부분 미국 회사가 구조 조정을 단행하는데 유학생 신분으로 영주권도 없던 내가 갈 수 있는 미국 회사가 어디가 있을까 하는 생각이 나를 무덤덤하게 만들었다. 특히 90일 안에 새로운 직장을 구하지 않으면 추방당하는 신분이었기에 아예 기대를 하지 않았던 것도 있다.

한 달 정도 이직 시도를 해본 후 포기한 나는 2020년 6월, 한국으로 향했다.

한국에 돌아오다

귀국한 후 친구와 디스코드를 할 때 친구의 친형 목소리가 들렸다.

"성욱이 왔냐? 그럼 말했어야지!"

다음 날, 카카오톡 메시지가 왔다. 친구의 친형이 창업을 했는데 개발자가 필요하다면서 사무실에 놀러 오라는 이야기였다. 한국에 와서 무엇을 할지 고민하던 중 반가운 소리였다.

초기 스타트업에 합류하다

자가격리가 풀린 다음 날 삼성동에 있는 공유오피스로 갔다. 2020년 7월이었다. 사무실에는 대표인 형과 20대 초반으로 보이는 세 명의 직원이 있었다. 나를 부른 형의 군대 동기인 서울대학교 경영학과 재학생과 그의 친구 두 명까지 총 네 명뿐이고 법인 설립도 네 달밖에 안 된 회사였다.

처음에는 AR과 VR로 프리 시드pre-seed 투자 유치를 성공했다가 투자 이후 사업성 검토를 해본 결과 사업성이 부족하다는 판단이 들었다고 한다. 대표인 형은 석사 중이었던 농업생명공학을 살려 스마트팜을 해보자고 생각했고 지금은 연습 단계로 스마트 오피스 사업을 해보려고 한다는, 아무것도 모르는 초년생이 듣기에는 대단하고 재밌어 보이는 이야기를 했다.

초기 스타트업의 다섯 번째 멤버로 합류했다. 졸업한 지 반년밖에 안 된 사회 초년생인 내가 개발을 총괄하는 자리를 맡게 된다는 이야기를 듣게 됐을 때 부담감보다는 흥미가 먼저 찾아왔다. 그렇게 극초기 스타트업의 CTO라는 거창한 직책을 맡게 됐다. 한국에서의 개발자 생활이 시작된 것이다.

첫 프로젝트는 스마트 오피스에 들어가는 자율 좌석 예약 시스템을 개발하는 것이었다. 이미 대기업에 납품하는 중소기업이 있었다. 하지만 프리 시드 투자자의 기업에서 본격적으로 스마트 오피스 사업에 진출하는 데 자율 좌석 시스템이 필요했고 경쟁 업체의 제품이 별로라고 했다. 이때 '우리가 더 잘 만들어드리겠습니다' 하고 따낸 외주 개발 프로젝트였다. 스마트팜이나 스마트 오피스 같은 거창한 프로젝트를 기대하고 왔는데 SI라니…. 제일 하기 싫었던 분야가 외주 SI 개발이었다. 무언가 속은 기분이었지만 일단 합류했으니 잘 진행해야 했다.

SaaS_{software as a service}[6] 개발이 먼저였다. 웹 앱을 개발해야 했는데 2020년 당시 프런트엔드 업계는 리액트가 절대 강자였다. 리액트를 이용해 개발하기로 했다. 그리고 백엔드는 인원도 기한도 부족했기에 구글의 파이어베이스_{Firebase}[7]를 이용하기로 했다.

루비를 이용한 비즈니스 로직 개발을 주로 했지만 이제는 프런트엔드

---

6   클라우드 기반으로 소프트웨어를 개발하고 해당 소프트웨어를 서비스로 판매하는 제품을 말한다.

개발을 해야 했다. 일하면서 곁눈질로 배웠던 리액트를 본격적으로 공부하며 개발을 시작했다. 다행히 군대를 전역하고 복학하기 전인 2016년에 한국에 있는 조그마한 스타트업에서 3개월간 계약직으로 앵귤러JS 버전 1을 이용해 프런트엔드 개발을 해본 적이 있었다. 처음 개발에 입문한 것도 2011년 PHP 5를 공부하면서였기에 프런트엔드 개발이 어색하지는 않았다. 프로젝트를 진행하며 실전으로 리액트를 공부하니 금방 실력이 늘었다. 개인적으로 리액트 강의를 보며 공부한 적이 있었고 렌딩홈에서도 프런트엔드 일부에 리액트가 사용됐다. 어느 정도 개념은 알고 있었다. 그러나 역시 실전이 최고였다. 실전에서 활용해보는 것이 개발 기술을 배우는 데는 최고였다.

개발을 진행하면서 기한을 맞추려면 인원이 더 필요했다. 개발자를 추가 채용해야 한다고 느꼈고 채용도 진행했다. 사람인과 로켓펀치에 채용 공고를 올렸다. 이력서를 30장 정도 검토했지만 마음에 드는 인물이 없었다. 회사의 역사가 짧고 인지도도 없는 초기 스타트업에 들어오는 이력서는 국비 지원 학원 출신의 개인 프로젝트 경험도 없는 비전공자 이력서가 대부분이었다. 3~6개월이라는 짧은 기간 동안 학원 커리큘럼이 전부인 이력서는 채용하는 입장에서 봤을 때 신뢰가 생기지 않았다. 특

---

7   구글에서 개발한 BaaS(backend as a service)다. 파이어베이스 API를 이용하면 백엔드 지식이 없어도 백엔드를 쉽게 만들고 관리할 수 있다. 다만 스케일이 커지면 비용이 비싸지고 유지보수가 어려워진다. 스타트업이나 사이드 프로젝트에서 많이 사용된다.

히 대부분 이력서는 학원에서 작성법을 배워서 쓴 것처럼 형식과 내용마저 동일했다. 이런 경우 더더욱 그냥 넘겼다. 그나마 괜찮은 이력서를 뽑아 코딩 테스트를 진행했지만 대부분 코딩 테스트를 준비해본 적 없어 보이는 수준이었다.

어느 정도 기대를 접고 태도만 보고 신입 한 명을 채용했다. 투자자 회사에서도 낙하산 개발자가 한 명 들어왔다. 기존 개발자 한 명과 신입 한 명, 낙하산과 나, 총 네 명으로 이루어진 개발팀을 이끌게 됐다. 전부 신입 수준의 실력이었다. 팀을 이끌면서 부담은 점점 커져갔다. 지금 하고 있는 프로젝트는 어찌어찌 이끌고 있었지만 미래를 생각했을 때 회사에는 시니어가 필요했다.

2020년 9월, 합류한 지 두 달 정도 지난 시점에 시니어가 필요하다는 이야기를 대표에게 했다. 대표는 시니어를 채용하면 내가 시니어를 리드할 수 있겠냐고 물었다. 시니어가 봤을 때 내 역량이 부족하다고 판단되면 CTO 자리를 넘겨달라는 이야기를 할 수도 있는데 괜찮겠냐고 물었다. 그리고 동생의 친한 친구이기에 챙겨주고 싶다며 내 자리가 위협받는 채용은 꺼려진다는 말도 덧붙였다. 회사를 위한다면 시니어를 채용하고 자리를 내주는 것이 맞았지만 철없던 주니어인 나는 CTO 직함을 포기하기 싫었다. 정이 많았던 대표도 쉽지 않은 선택이었는지 카카오 출신의 시니어를 영입할 기회가 있었지만, CTO를 넘겨야 한다는 조건이었기에 무산되고 말았다.

그릇에 넘치는 자리란 정말 위험하고 스트레스뿐이라는 걸 뼈저리게 깨달았다. 나름 미국에서 배웠던 애자일 방법론으로 팀을 이끌었다. 하지만 기술적으로 회사의 성장을 끌고 가는 데에는 한계가 있다는 걱정에 스트레스는 쌓여만 갔다. 정신과 진료를 받았다면 우울증이라는 진단을 받을 것 같은 상태였다. 매일 밤 회사 걱정과 커리어 걱정에 잠을 이루지 못했다. 심지어 심장이 터질 것 같은 괴로움에 밤잠을 설치는 나날이었다.

스트레스 속에서 어느덧 한 달 정도 더 흘러 10월이 됐다. 갑자기 대표가 전사 직원(이라고 해봐야 열 명도 안 됐다)을 불렀다. 그러곤 눈물과 함께 충격적인 한마디를 내뱉었다. 투자자가 투자금 회수를 결정했다는 것이었다. 이유는 알 수 없으며 너무나 미안하고 했다. 게다가 앞으로 월급을 줄 수 없을 것 같으며 남고 싶은 사람은 남아도 좋지만 무급이라고 했다. 아니라면 오늘 그만두고 집에 가도 좋다는 이야기였다. 갑작스러웠지만 한편으로는 다행이라고 생각했다. 그렇지 않아도 분수에 맞지 않는 직함으로 스트레스가 이만저만이 아니었던 나로서는 스트레스에서 해방될 수 있는 기회였다. 친한 친구의 친형인 대표였기에 미안했지만 정신건강을 위해 바로 퇴사를 결정했다.

다시 취업 준비생이 되다

2020년 11월, 다시 취업 준비생이 됐다. 그동안 인턴했던 경험, 계약직으로 잠시 일했던 경험, 일했던 경험을 모두 끌어모아 이력서를 작성했다. 다시 미국으로 돌아가볼 생각으로 영문 이력서를 작성하고 미국 회사에도 이력서를 냈지만 코로나 때문에 해외 채용은 모두 막힌 상태였다. 국내 기업으로 눈을 돌릴 수밖에 없었다.

미국 회사는 엔트리 및 주니어 레벨에서는 소프트웨어 엔지니어라는 직군 하나로 프런트와 백엔드, 모바일을 구분하지 않고 뽑는 경우가 많다. 모든 경험을 끌어모은 이력서로 여기저기 다 넣으면 됐다. 하지만 한국에서는 신입 공채가 아닌 이상 수시 채용은 전부 필드가 정해져 있었다. 지원할 직군을 정해야 했다.

군대 이전에 아르바이트와 인턴으로 했던 PHP 웹 개발, 군대 전역 후 3개월 계약직으로 일했던 앵귤러JS 프런트엔드 개발, 미국 랜딩홈에서 했던 루비 및 리액트 풀스택 웹 개발, 그리고 한국에 들어와 했던 리액트 웹 개발의 경험을 이력서에 썼다. 자연스럽게 웹 개발, 그중에서도 프런트엔드 개발이 제일 가능성이 있고 재밌어 보였다. 웹 개발을 이루는 프런트엔드와 백엔드 중 우리나라의 백엔드는 자바, 코틀린Kotlin, 스프링Spring이 90% 이상을 차지한다. 자바는 미국에 있는 대학교에 지원할 때 AP Computer Science 시험을 준비할 때만 해봤고 코틀린과 스프링은 문외한이었다. 프런트엔드 직군을 지원한 것은 자연스러웠다.

카카오페이, 카카오 엔터프라이즈 등 카카오 계열사에 지원을 했지만 전부 서류 탈락이었다. 계속되는 탈락으로 실망해 다른 길을 알아봤다. AI가 대세라는 말이 돌고 대학원을 진학하는 친구도 하나둘 보이던 시기였다. 분위기를 타고 대학원에 가서 인공지능을 공부해볼까 하는 생각이 들었다. 그렇게 대학원 지원을 고민하던 때 네이버에서 경력 공채 광고가 나왔다. 유일하게 연차 조건이 적혀 있지 않았던 쇼핑검색서비스 개발팀에 지원했다.

중간중간 헤드헌터를 통해 쿠팡이나 스타트업의 코딩 테스트 및 면접도 진행했다. 쿠팡은 탈락했지만 스타트업은 최종 합격까지 한 곳이 있었다. 하지만 네이버 면접이 진행 중이라는 것을 이유로 입사 결정을 미뤘다. 네이버의 최종 합격 발표는 지원한 시점부터 네 달이 조금 걸리지 않았다.

코딩 테스트를 풀고 1차 면접을 봤을 때 느낌이 좋았다. 코딩 테스트 문제를 구체적으로 물었을 때 생각했던 논리를 막힘 없이 이야기했고 분위기도 편안했다. 그렇게 2차 면접으로 이어졌고 역시 분위기가 좋았다. 무엇보다 미국의 스타트업에서 구조 조정을 당하고 한국의 스타트업에서는 투자금 회수라는 충격적인 사건을 겪었기에 대기업을 경험해보고 싶었다. 2021년 2월, 네이버에 최종 합격했다.

스타트업에서는 더 높은 연봉을 줄 수 있다고 했다. 경력이 부족해 네이버에 합류하게 되면 신입 처우로 합류해야 했지만, 상관없었다. 네이버라는 이름이 주는 기대감으로 그 모든 것이 상쇄됐다. 2021년 3월, 나는 네이버 쇼핑검색서비스 개발팀에 합류했다.

네이버 개발자가 되다

입사하기 전까지만 해도 한국의 대기업에 부정적인 선입견이 있었다. 군대 문화가 이어지는 수직적인 문화, 깍듯이 대해야 하는 선후배 문화, 술을 많이 마셔야 하는 회식 문화, 엄청난 야근 등 부정적인 이야기만 들어왔다. 하지만 사회 초년생의 선입견을 네이버가 완벽하게 깨줬다. 직급이 없는 '님' 문화, 수평적인 팀 내 인간관계, 주로 점심에 갖는 맛집 회식, 그리고 잘 지켜지던 워라밸을 직접 겪으며 한국 회사에 가지고 있던 편견이 굉장히 잘못됐다는걸 깨달았다.

그동안 나는 컴퓨터 공학과를 전공한 친구들이 3학년에 자바 언어 수업을 들었다는 이야기를 들으며 한국의 컴퓨터 공학과 커리큘럼에 대한 불신이 있었다. 무엇보다 전혀 실무 경험이 없어 현업에 투입하기 힘든 실력을 가졌던 학원 출신 개발자만 면접을 봤던 나는 한국의 개발자 실력에도 의문이 들었다. 특히나 한국의 복잡한 인증 절차나 불편했던 UX가 불신에 불을 지폈다. 하지만 네이버에서 같이 일하는 동료들을 보고 이런 불신이 굉장히 잘못됐다는 것을 알게 됐다.

개발자로서 느끼는 한국과 미국의 차이

한국의 개인정보 보호법이나 각종 디지털 규제 법규는 미국보다 훨씬 구체적이고 제한적이다. 미국에서 개발할 때는 신경 쓰지 않아도 되는 부분을 법적인 이유로 신경 써야 하는 경우가 상당수 있었다. 그 때문에 어쩔 수 없이 앱 UX가 불편해질 수밖에 없다는 것을 네이버에 입사하고 나서야 깨달았다.

개발자의 실력이 뒤처지는 것도 절대 아니었다. 규제들을 다 지키면서도 뛰어난 성능의 서비스를 개발하기 위해 고군분투하는 한국의 개발자들은 실리콘밸리의 개발자보다 전혀 뒤떨어지지 않았다. 오히려 평균적인 미국의 신입 개발자보다 한국의 개발자가 잘했다.

다만 문화적으로 아쉬운 부분이 있었다. 한국에서 나고 자라면서 느낀 점은 조용히 있는 것을 미덕으로 여기는 나라라는 것이었다. 활발한 토론이나 의견 제시에 걸림돌이 됐다. 미국에 있을 때는 말을 하라는 이야기를 들었던 내가 한국에 오자 말을 많이 하는 사람이 됐다. 이런 문화적인 차이는 필요성을 느끼는 사람이 개선의 필요성을 자주 피력하기 시작하면 점차 바뀌어갈 수 있는 부분이라는 것도 일하면서 느꼈다. 미국에서 내가 경험하고 좋았던 문화를 팀원에게도 이따금씩 설명했고 이런저런 제안을 하면서 팀 문화가 개선되기도 했다.

스타트업 환경에 있다가 대기업으로 오면서 확실하게 느꼈던 장점이 있다. 복지 하나만큼은 최고라는 것이었다. 한국과 미국의 차이가 아니라 스타트업과 대기업의 차이일 것이다. 스타트업은 자본력에 한계가 있어 복지라고 할 것이 별로 없다. 있다고 한다면 자율적인 출퇴근, 재택근무 등이리라. 하지만 네이버에도 있는 복지였다. 여기에 실비 지원과 휴양 시설 예약, 원격 근무 지원금 등 한국 대기업의 복지 제도는 정말 마약과도 같은 것이었다. 그래서인지 처우를 잘해주고 미래가 확실한 스타트업이 아니라면 이직 생각이 크게 들지 않고 제의가 오더라도 복지를 포기해야 한다는 것이 아쉬워 거절하고 있다.

프런트엔드 개발자로 산다는 것

학생 시절 잠시 경험했던 웹 퍼블리싱이나 초창기 프런트엔드 개발, 미국에서 경험했던 소프트웨어 엔지니어, 한국에 들어와 다시 하게 된 프런트엔드 개발을 겪으면서 다른 분야의 개발자보다 프런트엔드가 가진 매력을 하루하루 더 느끼고 있다.

2022년 개발 업계에서 제일 핫한 트렌드는 인공지능과 웹 3.0(블록체인), 그리고 메타버스다. 공부를 많이 해야 한다. 인공지능 분야는 석박사 학위를 요구하기도 한다. 무엇보다 프런트엔드를 해보지 않은 사람들이 바라보는 프런트엔드는 '아무나 할 수 있는 노가다'라는 인식이 아직도 팽배하다. 이는 10년 전, 아니 불과 5~6년 전만 하더라도 웹 개발은 자바 스프링을 근간으로 했으며 자바 서블릿Java Servlet을 기반으로 서버에서 모든 연산을 처리하고 프런트엔드는 서버에서 연산된 값을 단순히 마크업에 뿌려주기만 하는 웹 퍼블리싱이 대다수였기 때문일 것이다.

리액트나 뷰 등으로 대표되는 모던 프런트엔드 개발은 국내에서 인기를 얻은 지 이제 갓 5년이 됐다. 어떻게 보면 프런트엔드 개발자는 신생

직종이고 미래가 창창한 업종이다. 시도 때도 없이 새로운 기술이 발표되고 생태계가 개선되고 있다. 이제는 프런트엔드와 백엔드 경계도 느슨해졌다.

최근 프런트엔드 트렌드를 보면, 첫 로딩은 서버에서 하고 이후 처리는 클라이언트에서 하는 SSR~server-side rendering~이 대세다. 프런트엔드를 위한 백엔드~backend for frontend, BFF~[8]를 직접 구축하는 등 백엔드 개발 영역도 같이 다루기 시작한다. 프런트엔드 개발자로서 바라보는 현 시대의 웹 앱 개발은 어떻게 보면 프런트엔드 개발자가 서비스 개발을 하는 것이고, 백엔드 개발자는 데이터를 서비스에 제공해주기 위해 가공하고 API 서버를 만드는 데이터 엔지니어링의 분야를 하는 것이다.

학부 때부터 숫자나 수식을 좋아하지 않았던 나는 데이터를 다루는 분야보다는 서비스를 만들고 코드를 짜면 비주얼이 바로바로 나오는 프런트엔드가 적성에 더 잘 맞는 일이었다. 가끔 API를 부르면 데이터가 알아서 오기에 그 뒤에서 어떤 알고리즘이 데이터를 이렇게 가공해주는 것일까 궁금하기도 하다. 하지만 빠르게 개발하는 것을 좋아하고 시각적인 피드백을 좋아하는 나는 프런트엔드 개발이 재미있다.

개발 진로를 두고 고민하는 독자가 있으리라 생각한다. 선택에 도움이

---

[8] 프런트엔드에서 사용하기 위한 로직을 담고 있는 API 서버. 백엔드 개발자가 제공해준 API를 프런트엔드에서 활용하기 좋게 중간 처리를 해주거나 실제 API 주소를 감춰주는 보안 강화 효과도 겸비하고 있다.

될 만한 조언이 하나 있다. 시각적인 피드백을 좋아하고, 굉장히 복잡한 소수의 문제를 오랜 시간 고민해 해결하는 것보다는 상대적으로 덜 복잡한 문제 여럿을 빠르게 해결하는 것을 더 선호한다면 프런트엔드가 당신의 길이다. 물론 프런트엔드 개발이라고 복잡한 문제를 해결하지 않는 것은 아니다. 하지만 상대적으로 비교적 단순한 여러 과제를 쳐내야 할 일이 많은 것도 사실이다.

시각적인 피드백보다는 오랜 시간 고민하고 복잡한 문제를 풀어내 숫자 하나의 답변을 찾는 것이 재밌다면 백엔드 개발이나 인공지능 분야를 추천한다. 특히 인공지능은 학습 모델을 설계하고 오랜 기다림 끝에 인공지능 성능을 측정하면서 끊임없이 모델을 최적화하는 과정이다. 단 통계학이나 선형대수학 등 숫자와 친밀하지 않다면 인공지능은 추천하지 않는다. 백엔드 개발을 찾아보자.

하이 리스크 하이 리턴을 선호하는 독자라면 블록체인에 관심을 가져보자. 아직 너무나도 미성숙된 분야다. 충분히 공부하고 고민한 후 선택하는 것을 추천한다. 돈이 몰리는 분야인 만큼 포텐셜은 굉장하게 보이지만 그만큼 불안정한 것도 사실이다.

많은 이가 프런트엔드를 진로로 선택하면서 혹은 고민하면서 가지는 불안 중 하나가 프런트엔드 개발자의 수명일 것이다. 백엔드 개발자가 수명이 길고 프런트엔드 개발자가 수명이 짧다는 인식이 많다. 걱정하지 않아도 된다. 프런트엔드는 성장 중인 분야다. 상대적으로 발 들이기 쉽지만 다른 분야와 비교해도 잘하기란 쉽지 않다. 잘하는 프런트엔드 개발자 찾는 것이 왜 이리 어렵냐는 이야기를 자주 듣는다. 전문성 있는 프런트엔드 개발자라면 수명 걱정은 하지 말자. 전문성이 없다면 프런트엔드가 아닌 그 어떤 분야의 일을 하더라도, 설령 그것이 개발이 아니더라도 수명은 짧을 수밖에 없는 것이 인생의 진리다.

프런트엔드 개발 상담,
무엇이든 물어보세요

장기효

실명보다 '캡틴판교'로 더 잘 알려진 프런트엔드 개발자. 10년 동안 소프트웨어를 개발했고 이제는 서비스를 잘 만드는 즐거움보다 지식 공유와 강의로 얻는 희열이 더 큰 천생 교육자다. 평일에는 회사 동료들과 재밌게 네이버 쇼핑을 만들고, 주말에는 인프런 멘토링과 유튜브 프런트엔드 개발 상담소를 진행하며 대학생 및 주니어 개발자와 경험을 나누고 있다.

전대미문의 전염병인 코로나가 유행하기 시작했다. 모든 오프라인 모임과 교육이 사라졌다. 매주 주말에 다섯 시간씩 진행하던 오프라인 강의를 그만두니 여유 시간이 생겼다. 4년간 매주 강의실로 가면서 생겼던 습관 탓일까? 아니면 휴일에 쉬지도 않고 무언가를 배우기 위해 먼 곳에서 발걸음 한 수강생이 생각나서일까? 오프라인이 아닌 온라인에서도 돕고 싶었다. 나의 주말 단 한 시간이 그들에게는 몇 시간 이상의 시간을 단축해줄 수 있다고 믿었다.

마침 당시에 개발 관련 유튜브 콘텐츠가 주목받았다. 자연스럽게 유튜브에서 사람들과 소통할 수 있는 장을 만들어봐야겠다고 생각했다. 이전에도 유튜브 실시간 라이브나 줌 라이브로 강의를 진행해본 경험이 있어 방송이라는 포맷이 낯설지는 않았다. 다만 6평 남짓 되는 좁은 방에서 방송용 카메라와 마이크를 설정하는 게 그리 쉬운 일은 아니었다. 스튜디오를 빌리자니 너무 번거로운 것 같고….

유튜브 라이브 방송을 하려고 스트리밍 프로그램 사용 방법을 검색해봤다. 스튜디오처럼 꾸미려고 온갖 블로그와 영상을 뒤졌다. 실시간

방송이니 서로 활발하게 대화할 수 있는 채팅창을 직접 CSS로 꾸몄다. 영상 송출 시간과 채팅 지연 시간도 줄이려고 프로그램도 설정했다. 그리고 크로마키 스크린과 카메라, 마이크를 구매하면서 대략적인 방송 환경을 갖췄다.

2021년 1월, 첫 방송을 시작했다.

프런트엔드 개발 상담소 준비

첫 방송을 준비하면서 가장 많이 고민했던 부분이 있다. 방송 포맷과 홍보였다. 방송 포맷은 어떻게 진행해야 많은 시청자가 공감하고 만족할지 고민했다. 방송의 주 시청자는 오프라인 강의나 온라인 강의를 들었

[신청서] 프런트엔드 개발 상담소 상담 신청

프런트엔드 개발 상담소란 프런트엔드 개발 관련 학습, 구직, 진로, 업무 등에 대해 얘기를 나눠볼 수 있는 정기 유튜브 방송입니다.
매주 토요일 오후 9시 30분부터 유튜브 라이브 방송으로 진행되며 고민하시는 주제와 도움 받고 싶은 점을 남겨주시면 됩니다. 고민을 최대한 자세히 적어주시면 사연을 다룰 때 많은 도움이 됩니다 :)

기존에 신청된 사연과 사연 주제가 겹치지 않게 조정하다 보니 사연 희망 날짜와 사연을 다루는 실제 날짜가 일치하지 않을 수 있습니다. 이점 양해 부탁드립니다 :)

그 주 방송에서 다룰 사연은 매주 화요일 밤에 사연을 신청해 주신 분들께 메일로 안내 드릴 예정입니다. 일정 참고하셔서 라이브 방송에 참여해주시면 여러분의 고민과 사연을 더 자세히 다룰 수 있을 것 같습니다 :)

그럼 사연 잘 제출해주세요. 방송에서 뵙겠습니다! :)
캡틴판교 드림

https://www.youtube.com/channel/UCX04UECIFaAjNnsak6GzpZg
신청하시면서 위 채널 구독 눌러주시면 급한 휴방이나 방송 일정 변경할 때 공지를 편하게 받으실 수 있습니다 :)

jangkeehyo@gmail.com Switch account

* Required

Email *

Your email

Next   Page 1 of 3   Clear form

프런트엔드 개발 상담소 사연 신청서

던 수강생 또는 프런트엔드 개발에 막 관심을 갖기 시작한 학생이라고 가정했다. 다년간 오프라인과 온라인 강의를 해본 결과, 수강생들은 자신의 고민과 질문에 힌트나 해답을 얻을 때 가장 만족한다는 것을 알았다. 간단하게 구글 폼으로 직업, 상담 주제, 상담 내용 등을 방송 전에 신청받았다.

첫 방송 전까지 여섯 명이나 되는 분이 고민 상담을 신청했다. 대학생, 신입 사원, 주니어 개발자 등 다양했다. 개발 관련 지식을 효과적으로 학습하고 정리하는 방법, 취직하는 데 필요한 자격과 경험, 회사에서의 성장과 이직 고민 등 꽤 많은 사람이 공감할 만한 주제였다. 다양한 이야기를 하면 좋을 것 같아 겹치지 않는 주제로 선정해 첫 방송을 진행했다.

라이브 방송이다 보니 방송 포맷 못지않게 홍보도 중요했다. 먼저 운영하던 기술 블로그에 방송을 시작하는 이유와 참여 방법을 썼다.

CAPTAIN ⓟ PANGYO   TECH   SINGING   LIFE   ABOUT

HOME › WEB DEVELOPMENT

프런트엔드 개발 상담소를 시작합니다

목차

들어가며
갑자기 웬 개발 상담소인가요?
개발 상담소는 무엇인가요? 어떻게 참여하는건가요?
멘토링도 하시네요? 요건 뭐가 다른거에요?
프런트엔드 개발 상담소 유튜브 컨텐츠도 많이 활용해 주세요
프런트엔드 개발 상담소 다시 보기
프런트엔드 개발 상담소 Code of Conduct

들어가며

안녕하세요. 오늘은 여러분들이 재밌게 참여하실 수 있는 몇 가지 활동을 안내해 드리려고 합니다 :) 올해부터 유튜브 프런트엔드 개발 상담소와 인프런 멘토링을 진행하려고 해요. 프런트엔드 개발은 어떻게 시작하는지, 어떻게 더 잘할 수 있는지 그리고 이 어려운 취업난에 프런트엔드 개발자로 좋은 회사에 취직하기 위해서는 무엇을 준비해야 하는지 등 다양한 주제들을 다뤄보려고 합니다 :)

블로그에 게재한 프런트엔드 개발 상담소 소개 글

평일 기준으로 하루 평균 일일 방문자 수가 2천 명 정도 되지만 검색엔진에서 소개 글의 노출도는 낮아 다른 채널에도 홍보해야 했다. 이전부터 블로깅할 때마다 홍보했던 페이스북 프런트엔드 개발자 그룹과 Vue.js Korea 그룹 등에도 짧은 설명과 함께 상담소 소개 글을 올렸다. 온라인 강의 플랫폼인 인프런[1]에도 공지 사항으로 상담소를 안내하며 수강생 참여를 독려했다.

- 사연 3개
- 시청자 34명
- 방송 시간 77분

첫 번째 방송의 주요 숫자다. 지금은 토요일 오후 9시 30분에 하지만 첫 방송은 강의하던 습관이 남아 한낮인 오후 3시 30분에 시작했다. 몇 번 진행해보니 오후 3시 30분은 정말 어중간한 시간이었다. 34명과 함께 대략 1시간 20분 정도 라이브로 대화했다.

그날 다뤘던 사연은 다음과 같다.

- 대학생 K 님: 신입 개발자가 갖춰야 할 역량

---

1   www.inflearn.com

- 대학생 C 님: 프런트엔드 개발 학습 방법과 방향성
- 대학생 L 님: 포트폴리오? 자격증? 무엇을 준비해야 할까?

코로나로 비대면 서비스를 하는 기업의 채용이 활발해진 까닭인지 어느 때보다 소프트웨어 개발자를 구인하는 수요가 높았다. 과거에는 전공자가 개발자로 취업하는 비중이 높았다면 이제는 학교에서 컴퓨터를 전공하지 않은, 소위 비전공자가 개발자로 취업하는 비중이 높아졌다. 이 때문인지 전반적으로 신입 개발자가 갖춰야 할 역량, 자격, 경험에 대한 관심이 높은 편이다. 관심사를 반영하듯이 첫 방송 사연들을 보니 대부분 취직 준비와 초기 학습 방법을 고민하고 있었다.

첫 번째 사연: 신입 개발자가 갖춰야 할 역량

간단히 상담소를 소개하고 바로 첫 번째 사연을 읽었다.

"프런트엔드 신입 개발자가 되고 싶은데 회사에서 원하는 역량은 무엇인가요? 프런트엔드 개발자로서 성장하고자 새로운 기술을 학습할 때 어떤 방향성을 갖고 학습하면 좋을지도 알고 싶습니다."

지나치게 이상적인 답변일 수도 있지만, 입사한 후 별도의 지도 없이 스스로 일을 도맡아 해낼 수 있는 역량이라고 답했다. 신입 사원은 말 그대로 처음 회사 생활을 시작하는 사람이다. 오자마자 능숙하게 일을

할 수 있을까? 그런 신입 사원이 존재하기는 할까? 지난 10년의 회사 생활에서 그런 신입 사원은 보지 못했다.

하지만 지금은 가능한 시대다.

독학으로 실리콘 밸리에 취업할 수 있는 시대

몇 년 전 개발자 커뮤니티에서 화제가 된 소년이 있다. 13살부터 집에서 홀로 모바일 앱을 만들었다. 고등학생 신분으로 메타(현 페이스북)에 취업하게 된다. 이 소식은 충격적이면서 신선하게 다가왔다. 고등학생이라는 어린 나이보다도 집에서 혼자 개발 방법을 독학하며 많은 이에게 사랑받는 앱을 만들었다는 점이 놀라웠다.

아직 졸업도 하지 않은 고등학생이 페이스북에 들어가서 일을 할 수는 있을까? 5년, 10년 이상 경력의 시니어 개발자처럼 할 수는 없을 것이다. 하지만 회사라는 울타리를 벗어나 누구의 도움도 받지 않고 혼자 모바일 앱을 기획하고 개발해 앱 스토어에 배포한 것을 봤을 때 맡은 일을 해낼 역량은 충분히 있을 것이다. 메타 창업자인 마크 저커버그도 비슷하게 생각하지 않았을까? 물론 이 학생의 창창한 장밋빛 미래도 중요하지만 바로 회사에 합류해 결과물을 낼 수 있는 역량도 무시하지 못했을 것이다.

프런트엔드 개발도 마찬가지다. 지금은 놀라운 이야기의 주인공이 홀로 앱 개발에 필요한 지식을 인터넷에 검색했던 그때보다도 훨씬 더 유익하고 양질인 자료가 인터넷에 있다. 심지어 검색엔진에만 의존하던 과거와는 달리 유튜브나 인프런 같은 온라인 교육 플랫폼에서 원하는 지식을 쉽게 얻을 수 있다. 마음만 먹으면 얼마든지 웹사이트를 기획하고 만들어 배포할 수 있는 참고 자료나 방법이 인터넷에 있다.

사연으로 다시 돌아가보자. 회사가 신입 사원에게 요구하는 제1의 역량은 무엇일까? 회사마다, 팀마다 그리고 개인마다 모두 다르겠지만 입사 즉시 팀 성과에 도움을 줄 수 있는 역량이다. 즉 프런트엔드 개발자로서 웹사이트를 개발할 수 있는 역량의 유무다. 너무나 이상적인 이야기 같지 않은가.

개발 역량을 갖추는 방법

회사가 요구하는 개발 역량은 어떻게 갖출 수 있을까? 전공자이든 비전공자이든 상관없다. 프런트엔드 개발자라면 입사하기 전 만들고 싶은 사이트를 많이 만들어봐야 한다.

전공자라면 학교 수업에서 팀 프로젝트나 종합 프로젝트 등 많이 해본다. 소위 말하는 무임승차자(아무것도 하지 않고 프로젝트에 이름만 올리는 팀원)가 아닌 이상 고민하고 또 고민해서 만들어보는 경험은 할 수 있다. 좀 더 나아가 학교 외 수업 시간에 자기가 관심 있는 취미 분야와 연관 있는 웹 서비스를 만들어볼 수도 있다. 예를 들어 영어를 배우는 데 관심이 많다면 그날 배운 영어 단어나 숙어를 기록하는 영어 학습 노트나 개인 영어 사전을 웹사이트로 만들면 된다. 이때 필요한 지식은 웹 프로그래밍의 기본인 HTML, CSS, 자바스크립트다. 배운 단어를 어떻게 입력해 저장할지 UI 화면을 개략적으로 생각하고, HTML 폼 엘리먼트나 서버에 데이터를 전송하는 데 필요한 페치fetch API 등을 필요할 때마다 추가로 학습하면 된다. 관심 있는 서비스를 만들면서 자연스럽게 학습하는 모든 기술 요소는 입사 후 업무를 진행할 때 알아야 하는 필수 지식이나 다름없다. 회사에서 일을 하지 않더라도 회사에서 업무하는 것처럼 경험을 쌓을 수 있다.

비전공자는 교육 과정에서 얻을 수 있는 상대적인 경험치가 전공자보다 적다. 교과 과정에 웹 프로그래밍이나 소프트웨어 관련 교육이 없기 때문이다. 현실이 이러하니 비전공자는 더 능동적으로 학습 환경을 만들어야 한다.

가장 먼저 쉽게 접근할 수 있는 방법은 온라인 강의다. 웹 프로그래밍은 100만 명이 이용하는 국내 온라인 IT 교육 서비스 인프런[2]이나 유튜브의 무료 강의에서 쉽게 배울 수 있다. HTML, CSS, 자바스크립트 강의를 들은 후 실제 서버 API를 연결해 간단한 학습 노트 웹 서비스를 만드는 클론 코딩까지 진행해보자. 로그인, 회원 가입, 데이터 조회 및 추가, 수정, 삭제 등 웹 앱 개발 과정을 경험할 수 있다.

---

2   인프런에는 스터디 모임 게시판이 있다. www.inflearn.com/community/studies

만약 혼자서 강의를 듣는 게 어렵다면 페이스북의 프런트엔드 개발자 그룹, Vue.js Korea 그룹, React Korea 그룹 등에 가입해 개발 관련 스터디에 참여해볼 것을 추천한다. 언어, 프레임워크 등 특정 주제로 함께 학습하거나 기획자, 디자이너, 개발자와 같이 웹 앱을 기획부터 구현 단계까지 경험해볼 수 있다.

어느 정도 기본 개념과 웹 프로그래밍 경험이 생겼다면 이제 좀 더 전문적인 교육 프로그램에 지원하자. 실무에 준하는 프로젝트를 진행해볼 수 있다. 대표적으로 네이버 커넥트재단의 부스트캠프[3]나 우아한형제들의 우아한테크코스[4]가 있다.

이러한 부트 캠프 프로그램은 네이버와 우아한형제들이 개발자 생태계 발전에 도움을 주고자 만든 무료 교육 프로그램이다. 5~6개월 동안 강도 높은 교육과 프로젝트를 진행한다. 개인 프로젝트와 팀 프로젝트를 모두 경험할 수 있다. 아쉬운 점이 있다면 교육을 들을 수 있는 인원이 한정되어 있다 보니 선발 시험에 통과해야만 프로그램에 참여할 수 있다는 것이다.

경쟁률도 최소 수 대 일, 많게는 몇십 대 일까지 된다고 알려졌다. 그만큼 양질의 교육을 체계적으로 받을 수 있으니 기회가 된다면 꼭 참여

---

3 boostcamp.connect.or.kr
4 woowacourse.github.io

해보자.

이처럼 전공자가 됐든 비전공자가 됐든 개발자로 성장할 수 있는 학습 리소스는 도처에 널렸다. 스스로 목표와 의지를 다잡으면 신입 개발자에게 요구되는 역량은 충분히 갖출 수 있다.

두 번째 사연: 프런트엔드 개발 학습 방법과 방향성

"낯선 분야를 공부해서인지 뒤돌아서면 잊어버리더라고요. 디지털 노트 정리도 하고 반복해 공부하고 무언가 만들어보기도 하는데 머리에 들어오지 않아 고민이에요."

두 번째 사연이다. 프런트엔드 개발자는 매일 새로운 것을 배워야 한다. 개발자의 숙명이자 그중에서도 기술이 가장 빨리 변하는 프런트엔드 개발 생태계에 속한 개발자의 운명이다. 프런트엔드 개발자의 직업적 특성을 극복하려면 어떤 목표를 가지고 새로운 지식을 받아들여야 할까?

3단계 학습법

사연을 보낸 대학생 C 님은 배운 내용을 기억하려고 개인적으로 노트 정리를 하고 무언가를 만들어본다고 했다. 사연을 읽고 했던 답변은 "아, 이미 할 건 다 하고 계시네요"였다.

배운 내용을 잊지 않으려고 개인 학습 노트를 정리하는 것을 TIL_{Today I}
_{Learned}이라고 한다. 프런트엔드 개발자 커뮤니티에서는 꽤 널리 알려진 용
어다. TIL은 개인 포트폴리오로 사용하기도 한다.

그날그날 배운 내용을 마크다운 파일로 작성해 깃허브 저장소에 매일
커밋한다. 깃허브 컨트리뷰션 그래프가 녹색 밭으로 변한다. 이를 '잔디
를 심는다'고 표현한다. 작성자의 성실도를 나타내는 지표로 볼 수도 있

프런트엔드 개발자 진유림 님의 TIL 회고 글
(milooy.wordpress.com/2016/07/02/daily-commit-1-year)

다. 물론 이 시스템을 악용해 의미 없는 커밋으로 도배하는 경우도 있다. 하지만 그런 경우에는 면접관에게 안 좋은 인상을 심어줄 수 있으니 조심하자.

TIL은 새로운 지식을 매일 학습해야 하는 프런트엔드 개발자에게 더할 나위 없는 학습법이다. 단순히 그날 인터넷으로 찾은 지식을 적는 것보다 해당 지식을 습득하고 몸으로 체화한 결과물을 정리하는 것이 좋다.

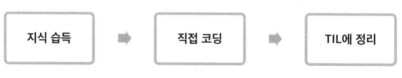

추천하는 프런트엔드 개발 학습 방법 3단계

단순히 공식 문서나 블로그에서 본 내용을 따라서 적거나 요약한다면 내용이 의미하는 바가 무엇인지 알 수 없다. '자바스크립트의 비동기 처리란 특정 코드의 실행이 끝나는 걸 기다려주지 않는 자바스크립트의 특성입니다'라고 했을 때 단순히 적기만 하면 실제로 비동기 처리가 무엇인지 혹은 비동기 처리에 해당하는 상황이 어떤 것인지 알기 어렵다. 비동기 방식으로 동작하는 setTimeout()이나 콜백 함수, 프로미스 등 코드를 직접 작성해 돌려봐야 개념을 온전히 이해할 수 있다.

특정 개념을 온전히 내 것으로 만들고 싶다면 정확한 정보가 있는 공식 사이트나 스펙 문서에서 지식을 습득한 후 직접 코드를 짜면서 실행하고 오류 상황을 해결해봐야 한다. 이 과정에서 얻은 경험과 본인의 사고로 재해석한 개념을 TIL에 논리 정연하게 정리했을 때 단순히 적었을 때보다 더 오래 기억에 남을 것이다.

학습 방향성

어떻게 학습해야 하는지 정했다면 이제 무엇을 학습해야 할지 고민해야 한다. 실제로 신입 사원이나 낮은 연차의 주니어 개발자가 많이 하는 고민이다.

수백만에서 수천만 명이 사용하는 서비스를 만드는 회사에 입사했다고 해보자. 아무리 작은 팀이라도 팀에서 사용하는 기술과 도구, 인프라, 소스 코드는 며칠을 밤새워도 모두 파악하기 어렵다. 잘 아는 사람이 몇 주에 걸쳐 학습할 내용을 지도해줘야 조금씩 보이는 게 생긴다. 지도해줄 시니어나 동료가 있다면 그나마 다행이다.

만약 도움을 받을 수 없다면 망망대해에서 어딜 향해 노를 저어야 할지 전혀 감을 잡지 못하는 선원과 같다. 이럴 때는 주어진 업무와 가장 밀접한 기술이나 도구를 기준으로 차례로 학습하는 것이 정석이다. 특정 상황에 맞는 지식을 학습해 문제를 해결했을 때, 그 지식은 오래 기억에 남게 된다.

방향성은 이야기하지 않고 왜 이런 이야기를 할까? 이것이 현재 프런트엔드 개발 생태계 현실이기 때문이다. 너무나도 많은 기술과 도구로 파편화되어 있다.

학습 로드맵[5]을 따라 차례대로 하나씩 배우면 프런트엔드 개발을 제대로 배울 수 있을 것 같다는 생각이 들 수도 있다. 하지만 회사 사원에게도, 심지어 학생에게도 항상 시간은 정해져 있다. 회사에서는 주어진 시간 안에 특정 업무를 처리해야 한다. 학생 때는 졸업이라는 인생 이정표에 맞춰 취업할 수 있도록 개발 역량과 지식을 갖춰야 한다.

대학생인 사연자의 입장으로 돌아가보면, 결국 특정 학습 로드맵을 따라가기보다는 나만의 학습 로드맵을 만들어가는 것이 중요하다. 이때 학습 로드맵은 만들고 싶은 사이트를 만들면서 필요한 기술과 도구로 구성되어야 할 것이다. 영어 사전을 만든다면 영어 사전 UI를 제작하는 데 필요한 기술 요소를 학습한다. 칵테일을 좋아해 칵테일 사진을 공유할 수 있는 웹 서비스를 만든다면 이미지 파일을 업로드할 수 있고 다운로드할 수 있는 브라우저 API를 학습한다. 그 후 웹 앱을 만들기 위해 코드를 작성할 수 있는 로컬 개발 환경을 구성한다. 기능을 모두 구현한 후에는 다른 사람이 볼 수 있도록 사이트를 배포하는 과정도 알아야 한다.

특정 학습 로드맵이나 최신 기술, 취업 시장에서 많이 우대하는 기술을 꼭 알아야 한다는 접근 방식보다는 만들고 싶은 무언가에 필요한 기술 요소를 그때그때 찾아 학습하는 것이 올바른 학습 방향성이다. 이 방

---

5   유명한 로드맵 사이트로 다음 사이트가 있다. roadmap.sh/frontend

향성으로 차근차근 방대한 기술의 바다에서 즐겁게 헤엄치다 보면 어느 샌가 내가 원하는 목적지에 도착할 것이다.

세 번째 사연: 포트폴리오? 자격증? 무엇을 준비해야 할까?

세 번째 사연의 주인공은 대학생 L 님이었다.

"취직을 준비할 때 신입에게 요구되는 수준은 어느 정도인가요? 자격증 없이 포트폴리오와 기술 면접 준비를 해도 취직이 가능한지 궁금합니다."

자격증, 포트폴리오, 기술 면접은 모두 취업을 준비하는 대학생에게 익숙한 용어다. '취업 8종 패키지', '5대 스펙'이라는 용어가 난무하는 취업 시장에서 개발자에게도 동일한 조건과 잣대가 적용될까?

회사에서 애타게 함께 일할 동료를 찾는 실무자로서, 지원자를 검증하는 면접관으로서 그리고 수없이 많은 면접을 봤던 피면접자로서 느꼈던 점을 L 님에게 전했다.

자격증보다는 깃허브 저장소

IT 취업을 희망하는 대학생이 따는 자격증은 주로 정보처리기사, 정

| 응시자격 | 1. 공통 응시자격
-「국가공무원법」제33조의 결격사유에 해당되지 않는 자
- KOTRA「인사규정」제9조의 결격사유에 해당되지 않는 자
- 해외여행에 결격사유가 없는 자
- (학력) 제한 없음. / (연령) 제한 없음. 단, 공사 정년(만 60세)에 도달한 자는 지원 불가

2. 분야별 응시자격
[소프트웨어 아키텍트 분야]
두 가지 요건을 모두 만족시켜야 함(① 정보처리기사 자격증 소지자, ② 정보처리기사 자격증 취득 후 IT관련 분야 경력 3년 이상)

[내부감사 분야]
「공인회계사법」제7조에 의한 회계사 |

2021년 코트라(KOTRA)의 정보통신 분야 경력 사원 채용 공고

보처리기능사, 정보처리산업기사, OCJP, CCNA, 컴퓨터활용능력 등이다. 공공기관이나 공기업 채용 공고를 보면 자격 요건이나 우대 사항에서 자격증을 요구하기도 한다.

희망하는 회사가 공공기업이나 공공기관이라면 자격증을 준비하는 것도 나쁘지 않다. 자격 요건과 우대 사항을 만족하는 자격증을 부지런히 따두는 것이 이득이다.

여기서 생각해볼 것이 있다. 자격증을 땄다고 내가 실력 있는 사람이라는 것을 보장할 수 있을까? 특히 프런트엔드 개발자라면 다른 지원자보다 더 나은 경험과 역량이 있다는 것을 자격증으로 증명할 수 있을까? 안타깝게도 네이버, 카카오 등 대규모 서비스 회사의 웹 개발자 직무를 희망한다면 자격증은 도움되지 않는다.

한 서비스 회사의 프런트엔드 개발자 채용 공고를 보자.

◆ 지원자격
- FE 개발 3년 이상의 경력 보유자
- ES2015+의 이해
- HTML, CSS 등 웹기술 전반에 대한 이해
- 복잡한 문제 분석, 이해, 해결 능력
- 적극적인 커뮤니케이션 능력
- 코드 리뷰에 거부감이 없고 함께 성장하려는 협업 마인드를 가지신 분
- 긍정적이며 자기 주도적인 성장이 가능하신 분

◆ 우대사항
- FE 개발 분야에서 이루고자 하는 목표가 있는 분
- 성능/테스트에 관심이 있으신 분
- 개발문서 작성 및 발표(강의) 경험 우대

프론트엔드 개발자 경력 사원 채용 공고

코트라 채용 공고와 사뭇 분위기가 다르다. 구체적이다. 프런트엔드 개발의 기술 요소인 HTML, CSS, 자바스크립트 경험과 커뮤니케이션, 문제 해결 능력을 지원 자격으로 요구한다. 추가로 성능, 테스트, 개발 문서 작성 경험이 우대 사항이다.

신입 사원 채용 공고를 보지 않고 경력 사원 채용 공고를 살펴보는 이유가 있다. 요즘 금리 인상과 거시 경제 충격으로 기업 투자와 신규 채용이 줄어 신입 사원을 채용한다는 곳을 찾기 어려운 것이 이유 중 하나다. 다른 이유는 생각의 전환이다. '경력 사원의 자격을 신입 사원이 갖췄다면 신입 사원을 뽑지 않을 이유가 있을까'라고 접근해봤다.

공고를 보면 자격증은 언급하지 않는다. 이런 유형의 공고를 보고 지원하면 대부분 경력 사원에게 요구되는 것은 다음 네 가지다.

- 실무 프로젝트 경험
- 사용하는 기술 스택과 숙련도
- 직무 관련 이수한 교육 또는 학위
- 깃허브 계정과 개인 블로그

인사팀도 실무자의 귀한 시간을 투자해 채용 면접을 보는 것이니, 지원자가 어느 정도 해당 직무와 팀에 연관 있는 사람이어야 하지 않을까? 그래야 회사 입장에서는 리소스를 낭비하지 않는 것으로 간주한다. 실무 프로젝트 경험, 기술 숙련도, 직무 관련 교육 이수 여부 등은 충분히 납득할 수 있는 조건이다.

깃허브 계정과 개인 블로그를 요구하는 이유는 무엇일까? 앞서 과연 자격증이 나의 역량을 대변할 수 있을지 질문했다. 프런트엔드 개발자 역량은 자격증이 아니라 코드가 대변한다. 이 정도의 UI와 기능을 구현할 수 있으며 해당 코드의 품질을 어느 수준까지 보장할 수 있는 사람이라는 것을 깃허브 저장소에 코드로 올려 증명하면 된다. 코드보다 확실한 것은 없다.

프런트엔드 개발 생태계에서 대중적인 도구와 라이브러리를 만든 사람들은 모두 깃허브에 오픈소스로 코드를 올려 많은 스타(페이스북 '좋아요'와 인스타그램 '하트' 같은 대중적 인지도)를 받았다. 스타를 많이 받은 도구나 라이브러리, 나아가서 소스 코드 제작자는 가만히 있어도 실리콘 밸리의 구글, 애플, 마이크로소프트 같은 공룡 기업에서 스카웃 제의를 한다. 솔직히 국내 취업도 힘든데 무슨 해외 취업이냐고 생각할 수 있지만 이런 사례도 있다는 것을 알아두자.

자격증이 먼저일까, 깃허브에 올릴 코드가 먼저일까? 이에 대한 판단은 어느 회사에서 일하고 싶은지 고민한 후 해도 늦지 않다. 가고 싶은 회사를 정했다면 그 회사의 채용 공고를 보고 나서 고민하자.

기술 면접은 어떻게 진행될까?

기술 면접은 서류가 통과된 후 기업에서 지원자를 초대해 사무실(최근에는 코로나19 때문에 화상회의로 진행하는 곳도 많다)에서 적게는 한 시간, 많게는 네다섯 시간까지 지원자의 기술 역량을 검증하는 면접을 의미한다. 최근 경험했던 기술 면접에서는 네 명의 면접관과 일대일로 한 시간씩 면접을 진행했다. 지원한 이유와 팀에서 일하고 싶은 이유, 얻고 싶은 것은 무엇이며 기본적인 기술 지식과 함께 종합적인 소프트웨어 엔지니어링 관련 질문을 받았다.

기술 면접에서 나오는 질문은 지원한 회사 규모나 성격에 따라 많이 다르다. 모든 회사를 일반화할 수는 없지만 대개 전통 대기업, 플랫폼 기반 대기업, 스타트업으로 나눌 수 있다.

대기업은 신입 사원에게 기대하는 현재 실무 역량이 크지 않다. 대부분 잠재 역량과 가능성이 있는 지원자를 뽑는다. 내부 교육이나 연수 시스템, 그리고 직무간 훈련on-the-job training, OJT[6]으로 교육할 수 있는 자금력과 교육 체계가 마련돼 있다. 주로 기본적인 컴퓨터 공학 지식 또는 코딩 역량이나 커뮤니케이션, 학습 능력을 본다. 물론 특정 웹사이트를 스스로 기획하면서 만들어보고 많은 경험을 해본 지원자라면 수많은 지원자 중에서 눈에 띌 것이다.

반면 스타트업은 성장 가능성보다는 지금 당장 실무에 투입해도 바로 일할 수 있는 실무 능력을 좀 더 본다. 대부분 스타트업은 자체 비즈니스 모델에서 나오는 수익보다 외부 투자금으로 회사를 빠르게 키워나가야 한다. 항상 돈이 부족하다. 여유롭게 인원을 키울 교육 프로그램이나 성장 프로그램 등 교육 자체에 돈을 쏟아부을 여력이 없다. 오히려 개인이 빠르게 서비스를 키우면서 그 안에서 얻은 경험과 지식으로 성장하길 바랄 수도 있다.

이런 현실 때문에 스타트업의 기술 면접은 대개 지원자의 현재 기술 역량과 특정 기능을 당장 구현할 수 있는 기술적 숙련도를 많이 본다. 예를 들어 특정 프레임워크로 웹 앱을 구현한 경험, 혼자서 서비스를 기획하고 구현 및 배포까지 해본 경험을 말한다. 프레임워크 없이 서비스

---

6   입사자에게 별도 교육 기간을 주지 않고 직무에 바로 투입시켜 일을 하면서 직무 지식을 습득하게 하는 방식을 의미한다.

를 개발하기에는 생산성이 너무 낮고 시간이 오래 걸린다. 대부분 대중적인 프레임워크를 도입해 구현한다. 따라서 프레임워크 숙련도나 자바스크립트 및 타입스크립트 언어 숙련도를 보는 곳이 많다.

기술 면접은 어떻게 준비해야 할까?

기술 면접은 어떻게 준비할까? 전통 대기업, 플랫폼 기반 대기업, 스타트업 중 가고 싶은 회사를 골라 해당 회사의 면접 유형에 맞는 전략을 짜면 될까?

만약 남들이 부러워할 만한 기업이나 복지 좋고 초봉이 높은 회사에 단순히 '취업'하는 것을 목표로 한다면 다시 한번 고민해봐야 한다. 회사에 들어가면 하루에 최소 여덟 시간, 많게는 열두 시간이 넘게 일을 한다. 일주일이면 40시간, 한 달이면 160시간이다. 좋은 회사에 들어가서 돈을 많이 받으면 장땡일 것 같지만 그 돈을 받으려면 정말 많은 시간을 회사에서 일해야 한다. 이 과정 자체가 즐겁지 않으면 결코 남들이 선망하는 회사라도 나한테 좋은 회사가 될 수는 없다.

기술 면접 준비를 이야기하지 않고 이런 이야기를 하는 것은 바로 스스로 개발자 적성을 고민하고 인생 목표를 설정해야 취업 과정과 입사 후 회사 생활이 순탄해지기 때문이다. 실제로 많은 학생을 멘토링하면 단순히 좋은 회사에 입사하는 게 목표다. 입사 후 자기 삶은 고민하지 않는다.

코로나19 특수로 IT 산업이 수혜를 받으면서 개발자의 전반적인 처우와 연봉이 올라갔다. 당연히 관심이 갈 수밖에 없다. 하지만 개발자 연봉이 높으니 나도 배워서 개발자로 취직해봐야지 생각한다면 취업 과정뿐만 아니라 취직 이후 회사 생활이 불행할 수 있다.

개발자는 무언가를 만드는 행위 자체를 좋아해야 한다. 내가 만든 작품이 어디에 내놔도 부끄럽지 않도록 스스로 꾸준히 개선하고 갈고닦는 것을 좋아해야 한다. 특히 특정 기능이나 화면을 구현하면서 수많은 오류와 문제 상황을 마주했을 때 당황하지 않고 차분히 오류를 해결하는 데 희열을 느낀다면 그보다 더 적성에 맞을 순 없다.

기술 면접 준비에 앞서 먼저 개발자로서 인생을 살아갈 때 재밌을지 행복할지 고민하고 자기 성찰을 하자. 좀 더 확실한 목표가 생긴다. 개발자가 적성에 맞는지 확인하고자 스스로 무언가를 기획하고 만드는 과정을 반복하자. 자연스럽게 면접에서도 이야깃거리가 생긴다. 개발자로 사는 삶을 먼저 깊이 고민하고 목표를 뚜렷하게 세운 지원자보다 더 차별화된 지원자는 없다.

첫 방송 그리고 그 후

80분 남짓의 첫 방송은 그렇게 끝이 났다. 책을 쓰는 현재(2022년 12월 기준) '캡틴판교의 프런트엔드 개발 상담소'는 총 30회를 진행했고 시즌 1

을 마무리했다. 약 1년 동안 방송하면서 대학생뿐만 아니라 취업 준비생, 주니어 개발자, 실무자 등의 사연을 약 50개 정도 다뤘다. 책에서는 더 많은 사연을 다루지 못하지만 지난 방송과 사연은 모두 다음 링크에서 확인할 수 있다.

• www.youtube.com/@captainpangyo

곧 시작할 '캡틴판교의 프런트엔드 개발 상담소 시즌 2'에서 더 많은 분과 고민을 나누고 이야기해볼 수 있기를 바란다.

마지막으로, 프런트엔드 개발이 재밌고 적성을 충분히 고민했다면 다음 프런트엔드 개발 학습 방법과 자료를 참고하길 바란다.

• www.youtube.com/watch?v=IXtfqhBIQos

오류와 실수, 신기술 도입, 성능 지표 이야기

윤정현

업무, 육아 시간 외에는 축구를 보거나 축구 게임을 하거나 축구를 뛰고 있는 개발자. 주로 서비스 개발을 진행해왔고 웹 성능과 데이터 분석에 관심이 많다. SK플래닛을 거쳐 현재는 네이버 및 라인 검색 서비스 관련 개발을 하고 있다.

나는 운이 좋았다. 회사 생활을 처음 시작한 2012년부터 지금까지 프런트엔드 개발자로 일하고 있다. 외부적인 요인으로 직군을 변경해야 할 일도 없었다. 스스로도 프런트엔드가 아닌 다른 영역을 개발해보고 싶다거나 전직을 고려한 적도 없다. 그만큼 프런트엔드 영역이 나와 잘 맞고, 재미도 있다.

매 순간 업무에 만족한 것은 아니다. 그동안 다양한 서비스를 개발하면서 프런트엔드 개발자 혼자만의 역량으로 할 수 없는 것에 무력감을 느꼈다. 반복되는 업무와 일상에 과연 내가 개발자라고 할 수 있는지 의문을 갖기도 했다. 고민이 점점 많아지는 시점에 현재 근무하는 조직으로 이동하게 됐다. 이 선택이 프런트엔드 개발자로서 많은 것을 느끼고 배울 수 있는 변곡점이 됐다.

내가 느끼고 경험했던 상황이 모든 프런트엔드 개발자의 일반적인 상황은 아닐 것이다. 프런트엔드 개발자로서 나아가야 할 길을 어떻게 찾고 있는지 이야기해보고자 한다.

프런트엔드 개발자는 무엇을 할 수 있을까?

개발자로서 프로젝트를 진행하다 보면 프로젝트의 흥망성쇠가 생각과는 굉장히 다르게 흘러가는 경우가 종종 있다. 전 회사에서 맡았던 프로젝트가 있었다. 사업 아이템도 좋았고, 개발팀 역량과 협업하는 부서 간 분위기도 좋았다. 많은 조건 면에서 봤을 때 성공할 수밖에 없는 프로젝트였다. 프로젝트 시작부터 참여한 나는 기술 조사, 구조 설계, 개발 및 개선까지 전반적인 부분을 담당했다. 매우 애착이 가는 프로젝트였다. 하지만 오픈한 후 얼마 되지 않아 서비스가 종료됐다. 이유는 간단했다. 수익을 내지 못했다.

이와는 반대로 2020년에 네이버에서 맡았던 프로젝트는 크게 기대되는 프로젝트가 아니었다. 당시 팀에서 하던 주요 업무와 거리가 있어 왜 우리 팀에서 하는지 의문도 있었다. 어쨌든 프로젝트는 시작됐다. 누군가는 담당해야 했다. 그게 우연히 나였을 뿐이다. 당시 여유가 있던 프런트엔드 개발자가 나밖에 없기도 했다. 이렇다 보니 능동적으로 의견을 제시하고 어떻게 발전시킬지 고민하기보다는 얼마나 빠르게 요구 사항을 원하는 시점에 맞춰 개발할 수 있을지 더 많이 생각했다.

검색 결과를 기존보다 더 다양하고 사용자 친화적인 UI로 제공하는 프로젝트였다. 생각보다 프로젝트는 잘 진행됐고 반응도 좋았다. 기존보다 정보를 한눈에 확인하기 쉬워졌고 조금 더 미려한 UI가 적용된 결과였다. 반응이 좋다 보니 계속해서 기존 검색 결과를 변경하고자 하는 요

구 사항이 전달됐다. 초반에는 고려하지 못했던 공통화 또는 재사용과 관련된 부분을 많이 고민하고 개선했다.

어느 순간부터 의문이 들기 시작했다. 정말 최선을 다해 개발하면 내가 담당하는 서비스의 성공 가능성이 1%라도 높아지는 걸까? 프런트엔드 개발자가 할 수 있는 것은 기획에서 정의한 기능을 문제없이 잘 동작시키는 것뿐일까? 이것만으로 서비스에 영향을 줄 수 있을까? 물론 개발을 시작하기 전에 기획 내용을 다함께 검토하고 개선 사항을 논의할 수 있다. 하지만 그것만으로 서비스에 큰 영향을 줄 수 있을 것 같진 않았다. 서비스에 영향을 주는 프런트엔드 개발자가 되려면 무엇을 해야 할까? 단순히 주어진 기능만 잘 개발하고 이후 서비스 성공이나 실패는 겸

허히 받아들여야 하는 걸까?

질문에 질문을 반복하면서 프런트엔드 직무에 약간의 실망감을 갖게 됐다. 그렇지만 내가 서비스에 영향을 줄 수 있는 부분을 찾고자 노력했다. 나에게 할당된 업무를 더 빠르게 처리하면 조금이라도 도움이 될 것 같았다. 그 후로 매년 동료 평가를 받을 때마다 장점으로는 빠른 일처리가, 단점으로는 디테일이 부족하다는 의견이 있었다.

그러던 중 프로젝트의 담당 조직이 바뀌면서 나 역시 근무 조직이 바뀌었다. 여기서 프런트엔드 개발자가 서비스 성공에 기여할 수 있는 방법을 깨달았다.

서비스 안정화를 위해 노력하기

새로 이동한 조직은 오랜 기간 서비스를 운영하면서 프런트엔드 영역의 노하우를 갖고 있었다. 그중 하나는 오류 관련 시스템이었다. 오류를 감지하는 것부터 전파하고 해결하는 것까지 체계적으로 진행됐고 많은 부분이 자동화되어 있었다. 사내 로그 시스템에 적재되는 오류 로그를 바탕으로 한 '미어캣' 시스템이었다. 시간 단위로 모니터링하고 담당자에게 알림을 주는 역할을 했다. 빠르게 오류를 감지하고 해결할 수 있었다. 시스템이 갖춰져 있고 운영이 잘돼 담당자들은 발생 오류에 관심이 많았고 오류 처리 과정 또한 매끄러웠다. 아무도 조급해하지 않았다.

이를 보며 프런트엔드 개발자 역할을 너무 좁게 정의했던 것은 아닌지 반성했다. 전에는 오류를 단지 피하고 싶은 존재로만 생각했다. 내가 개발한 부분에서 오류가 발생했다면 부끄러운 일이기에 빨리 해결하고 최대한 큰 영향 없이 넘어가야만 한다고 생각했다. 직접 오류를 찾아 수정했던 경험보다는 어디선가 오류가 발생했다는 제보를 받고 급하게 수정한 적이 더 많았다.

새 조직에서는 오류를 조금 다른 시각으로 봤다. 무조건 나쁘다고 생각하는 것이 아니라 언제든 발생할 수 있는 사건이며 발생했다는 것 자체보다는 왜 발생했고 동일한 오류가 반복적으로 발생하지 않으려면 어떤 부분을 개선해야 하는지 배울 수 있는 존재로 인식했다. 이와 같은 조직 문화 덕분에 어떻게 하면 오류를 빠르게 발견하고 잘 처리할 수 있는지 많은 논의가 이뤄지고 있었다. 또한, 다양한 의견을 바탕으로 오류를 처리하는 과정이 다음과 같이 잘 정리돼 있었다.

- 오류 발생을 감지한 시점에 최대한 빠르게 동료와 공유하기
- 오류가 더 이상 발생하지 않는 방향으로 최대한 빠르게 수정하기
- 오류 원인 파악 및 수정하기
- 오류 내용 공유 및 재발 방지 대책 수립 또는 논의하기

무척이나 당연한 것 같은 규칙이다. 하지만 모든 구성원이 일관된 프로세스에 따라 오류를 처리하고 내용을 공유하며 오류를 통해 배우는

것은 매우 어려운 일이다.

우선 오류가 발생했다는 사실을 감지한 사람이 최대한 빠르게 동료에게 공유해 오류가 발생한 영역 외 다른 부분에 영향은 없는지 파악할 수 있도록 했다. 오류가 감지된 부분만 오동작한다고 생각하기 쉽지만 감지된 부분은 운이 좋게 먼저 발견된 것일 뿐이다. 다른 영역에서도 감지되지 않은 오류가 존재할 수 있다.

수정은 최대한 빠르게 진행한다. 보통은 정상 동작하던 버전으로 롤백하는 것을 권장한다. 반드시 롤백을 진행하는 것은 아니다. 비교적 수정이 간단하거나 오류 인지 후 10분 안에 핫픽스hotfix 배포를 준비할 수 있다면 빠르게 수정을 하기도 한다. 오류를 수정하기 위해 원인을 파악하다 보면 그만큼 오류가 발생하는 시간도 늘어난다. 이 시간을 최소화하기 위한 과정이다. 롤백을 진행한 경우에는 개발 환경에서 해당 오류를 재현해보고 왜 오류가 발생했는지 차근차근 원인을 파악한다. 서비스를 정상적으로 복구했기에 심리적인 안정감을 갖고 원인을 파악할 수 있다. 오류 원인을 파악하고 수정해 다시 배포가 진행되면 다른 오류는 발생하지 않는지 모니터링을 진행한다. 문제가 없다고 판단되면 배포 프로세스를 종료한다.

오류 수정은 여기서 마무리된다. 담당자는 오류가 발생한 원인과 동일한 오류가 발생하지 않도록 재발 방지 대책을 정리해 구성원에게 공유해야 한다. 이 과정이 가장 중요하다. 재발하지 않도록 대책을 고민하고 논의하면서 기존에 알아차리지 못했던 개발 과정에서 부족했던 부분을 파악할 수 있다.

간단한 수정에서 발생한 오류

라인 검색 서비스의 간단한 버그 수정을 위해 기존 코드에 적용된 조건문을 변경하고 배포한 적이 있다. 너무도 간단한 수정이었다. 일본에만 적용되는 기능을 수정했다. 수정한 후 빠르게 테스트를 진행해 수정된 영역만 확인한 후 배포했다. 하지만 배포하고 얼마 지나지 않아 대만에서만 노출되는 영역에서 오류가 발생한다는 제보를 받았다. 즉시 롤백을 진행했다.

대만 라인에서만 발견된 오류

오류를 수정한 후 원인을 파악하니 방금 일본 라인에 배포된 간단한 수정 때문이었다. 간단한 수정이었기에 다른 국가까지 영향을 줄 것이라고 예상하지 못했고 검증도 하지 않았다. 다행히 기존에 숙지한 오류 처리 프로세스 덕분에 당황하지 않고 빠르게 서비스를 정상화했다. 오류 때문에 발생하는 영향도 최소화할 수 있었다.

그 후 재발 방지 대책에는 해당 영역 코드의 테스트 케이스 강화 및 배포하기 전 다른 국가의 영향도를 파악하는 과정이 추가됐다. 처음에는 재발 방지 대책으로 추가된 내용이 매우 간단한 작업이었고, 이 내용을 추가한다고 다시 오류가 발생하지 않을까 하는 의문이 있었다. 하지만 놀랍게도 이후 두 번이나 배포하기 전에 오류를 발견할 수 있었다. 인간은 언제나 같은 실수를 반복한다.

간단한 내용이지만 재발 방지 대책을 고민하고 수립하는 것이 얼마나 중요한 과정인지 깨닫는 계기가 됐다. 이전의 나였다면 오류를 처리한 후 꼼꼼하지 못한 내 성격을 탓하며 다음부터 실수하지 말고 조금 더 주의해야겠다고 다짐했을 것이다. 하지만 새 조직에서는 사람의 실수를 그 사람 문제가 아닌 시스템 문제로 봤다. 사람은 누구나, 언제나 실수할 수 있다. 하지만 잘 구축된 시스템은 실수를 미리 발견해 보완할 수 있다는 것이다. 이런 문화를 받아들이면서 내가 담당하는 프로젝트에 적용할 수 있는 시스템을 고민하게 됐다. 그 결과, 배포하기 전에 오류를 미리 검출할 수 있는 과정과 배포한 후 오류를 모니터링하는 과정을 정리해 안정성을 높일 수 있었다.

실수에서 배우게 된 재발 방지 대책의 중요성

배포 전에 오류를 검출하고자 그동안 미뤘던 테스트 프로세스를 강화했다. 단순히 테스트 케이스를 많이 작성해 테스트 커버리지를 높이기보다는 어떻게 효율적으로 테스트를 작성하고 유지할 수 있을지 고민했다. 프로젝트 특성상 기능의 요구 사항이 자주 바뀌었고 그때마다 테스트도 변경돼야 했다. 모든 코드를 테스트하려면 그만큼 시간도 필요했다. 이 방식을 보완하고자 반드시 검증이 필요한 영역을 지정해 테스트를 집중하기로 했다.

팀원들과는 테스트 작성 규칙을 정리해 내가 아닌 다른 사람이 프로젝트를 담당해도 작성된 테스트를 빠르게 이해하고 작성할 수 있도록 했다. 작성된 유닛 테스트unit test와 통합 테스트integration test는 깃허브 액션 GitHub Actions을 이용해 PR 발생 시점에 자동으로 동작해 테스트를 통과했는지 바로 확인할 수 있도록 자동화했다. E2E 테스트end-to-end test는 특정 개발 서버가 배포되는 시점에 수행하도록 설정했다. 추가된 내용에 오류가 있는지 바로 확인할 수 있게 됐다.

자동화된 테스트는 개발자가 매번 확인하기 어려운 부분의 오류를 감지할 수 있도록 많은 도움을 줬다. 하지만 서비스가 웹뷰WebView에서 동작해 앱 기능을 이용해야 하는 부분은 테스트를 자동화하기 어려웠다. 별도로 정리하기로 했다. 배포 전 체크리스트를 만들어 배포 담당자가 직접 확인하는 프로세스를 도입했다. 체크리스트에는 앱에서 확인해야 하는 기능뿐만 아니라 그동안 발생했던 오류를 확인할 수 있는 시나리

오도 같이 추가했다.

이 과정이 정착되면서 오류 발생 빈도가 줄었다. 기존에는 한 달에 약 1~3건 정도 오류가 발생했지만 세 달에 한 건 정도로 줄었다. 1년 단위로 계산하면 약 70% 정도 감소한 수치다. 매우 고무적인 수치다. 하지만 오류 발생률을 0%로 만들 수는 없었다. 오류가 발생했을 때 빠르게 확인하고 해결할 수 있는 방법이 필요하다고 판단했다.

우리 팀은 센트리Sentry 툴로 오류 로그를 적재했는데 최대한 더 활용하기로 했다. 우선 어떻게 오류를 모니터링할 것인지 논의했다. 빨리 오류를 발견하는 것이 중요하지만 24시간 오류 발생 여부를 확인하고 있을 수는 없었다. 배포한 직후 모니터링하는 것과 적당한 기준을 설정해 해당 기준 이상의 오류 로그가 적재되는 경우에 알람을 설정하는 방법을 선택했다.

경험상 배포한 직후에 오류가 발생할 확률이 높았기에 배포를 진행한 사람이 모니터링까지 담당하는 것으로 결정했다. 초기에는 모니터링하는 것이 꽤 귀찮은 작업이었다. 너무 많은 로그가 적재되고 있었고 어떤 로그를 눈여겨봐야 하는지 한눈에 파악하기 어려웠다. 이를 개선하고자 두 가지 작업을 진행했다. 로그 레벨을 분리하는 것과 특정 조건을 지정해 알람을 설정하는 것이었다.

적재되는 로그 중에는 반드시 바로 확인하지 않아도 되는 로그도 있다. 대표적으로 네트워크 오류와 관련된 로그다. 소수 사용자에게는 언제나 발생할 수 있는 문제다. 실제로 서비스에 필요한 리소스를 미리 가져오는 프리로드pre-load 기능은 사용자의 네트워크 환경이나 단말기 상황에 따라 오류가 발생할 수도 있다. 다만 이런 종류의 오류는 발생 사실을 인지해도 개발자가 직접 해결할 수 없다. 프리로드가 정상적으로 수행되지 않아도 서비스를 사용하는 데는 큰 문제가 없어 실시간으로 확인이 필요한 로그는 아니다.

동시에 다수 사용자에게 동일한 네트워크 오류가 발생한다면 이는 사용자 환경 문제가 아닌 리소스 문제일 확률이 높아 로그를 적재하지 않을 수도 없었다. 해당 로그를 WARN 레벨로 분류했고 모니터링 시점에는 필터를 적용해 해당 레벨을 제외하고 확인했다. 빠르게 확인해야 하는 로그를 한눈에 볼 수 있었다. 모니터링 시점에 오류를 판별하느라 고생하던 부분이 줄었다. 다만 이처럼 필터링해 오류를 모니터링하면 대량으로 WARN 레벨 오류가 발생했을 때 확인하기 어려울 수 있다. 이는 알람을 설정해 해결할 수 있었다. 한 시간 내에 약 100건의 동일 오류가 발생하면 이메일을 발송하는 특정 조건을 설정했다. 내부적으로 로그를 전체 오류의 10%만 적재하고 있어 100건의 오류가 적재됐다는 것은 약 1천 명의 사용자에게 오류가 발생했다고 가정할 수 있는 수치였다.

이 같은 경험에서 서비스 안정화 방법을 배웠고 더 깊게 고민하는 계기가 됐다. 또한, 프런트엔드 개발자가 화면에 보이는 기능을 개발하는 것 외에도 서비스 성공에 영향을 줄 수 있는 다양한 방법이 있다는 것을 깨달았다.

레거시 속에서 신기술 도입하기

어느 날 담당하던 프로젝트와 연관된 프로젝트를 다른 팀에서 이관받아 운영해야 한다는 소식을 들었다. 연관된 프로젝트라고 적었지만 그동안 담당하던 프로젝트는 서비스 일부분이었고, 새로 이관받는 프로젝트가 서비스 전체 영역이었다. 범위도 굉장히 넓고 구조도 복잡했다. 게다가 약 2년 정도 운영된 프로젝트였기에 파악해야 할 기획 히스토리도 많았다. 왜 코드가 이렇게 작성되었는지도 이해해야 했다.

프로젝트 이관 회의를 진행할 때마다 대규모 프로젝트를 원활하게 이관받을 수 있을지 걱정이 앞섰다. 프로젝트 이관과 함께 개선도 진행해야 해 부담이 컸다. 다행히도 이관 작업을 진행하는 동료 개발자들의 역량이 뛰어나 좋은 아이디어가 많이 나왔다.

프로젝트는 SPAsingle-page application로 되어 있었다. 전형적인 프런트엔드 프로젝트와 비슷했다. 데이터를 서버에서 전달받아 화면을 그리는 동작을 담당했다. 처음에는 서비스를 운영하는 데 크게 무리가 없는 구조였지만 시간이 지날수록 기획 요구 사항을 빠르게 반영하고 더 많은 컴포넌트를 추가해야 했다. 하나의 프로젝트로 모든 것을 처리하기에는 어려움이 있었다.

해당 부분을 개선하고자 하나의 프로젝트를 두 개의 프로젝트로 분리하는 작업을 진행했다. 하나는 기존 SPA 구조를 그대로 이용해 서비스의 전반적인 레이아웃과 통신을 담당하도록 했다. 다른 하나는 빠르게 컴포넌트를 추가하고 독립적으로 배포할 수 있도록 구조를 설계했다. 두 프로젝트는 서로 의존성을 갖지 않도록 개발됐다. 서비스를 안정적으로 운영함과 동시에 필요한 컴포넌트를 빠르게 추가 및 제거할 수 있게 됐다. 또한, 검색 서비스 구조상 한 화면에 많은 컴포넌트를 노출해야 했는데 위부터 차례로 렌더링하는 방식을 적용해 성능도 향상됐다.

그땐 맞고 지금은 틀린 기술

모든 것이 순조롭게 진행된 것 같지만 어려운 점도 많았다. 기존 프로젝트에서 더 개선할 수 있는 부분은 무엇이 있을지 항상 고민하고, 이관을 진행하면서 개선된 부분을 증명해야 했다. 실제로 프로젝트 기간 동안 2주에 한 번씩 기존 프로젝트를 담당했던 팀과 미팅을 진행하며 현재 상황과 개선 사항을 공유했다. 언젠가 한 번은 기존과 크게 개선되지 않을 것 같다는 의견이 있어 개선될 것이라고 증명하고자 여러 데이터를 준비하는 데 많은 시간을 들이기도 했다.

많은 우여곡절 끝에 프로젝트 이관 작업을 무사히 마무리했다. 기존 서비스보다 성능이 개선되면서 좋은 성과를 달성했다. 앞으로 해야 할 일이 많았다. 이관을 완료한 후 몇 달 동안은 아직 파악하지 못한 부분을 학습해야 했다. 새로운 기능을 추가해달라는 요청도 있어 바쁘게 보냈다.

하지만 그것도 잠시였다. 어느 정도 프로젝트가 파악된 후에는 이전과 비슷한 업무가 반복된다고 느끼게 됐다. 이 시점이 되면 그동안 바쁘다는 핑계로 뒤로 미뤘던 리팩토링과 내부 개선 과제에 눈을 돌리게 된다. 지금까지 경험으로 봤을 때 내부 개선 과제를 진행하려고 해도 이미 오랜 기간 운영된 프로젝트는 다양한 이유로 프로젝트 초기에 설정한 기술을 바꾸기 쉽지 않다.

안정적으로 운영되는 프로젝트에 신기술을 적용하면 예상치 못한 문제가 발생하지 않을까 하는 불안감도 그중 하나다. 안정적인 운영을 최우선으로 하다 보면 프로젝트에 사용 중인 기술은 트렌드를 벗어나 구시대의 유물이 된다. 담당 개발자는 역량이 정체되는 느낌을 받으며 불안감을 느낀다. 뒤늦게 프로젝트에 합류한 팀원이라도 있다면 프로젝트에 사용된 기술 구성에 의문을 가질 수도 있다. '그땐 맞고 지금은 틀린' 상황이 된다. 초기에는 최선의 구성이었을지도 모른다. 그렇다고 지금은 틀린 구성을 계속 사용하는 것은 프로젝트의 유지 보수에 문제가 된다. 프로젝트 담당 개발자의 역량에도 좋은 선택은 아니다.

신기술 적용은 작은 영역부터

우리 팀은 기존에 사용된 기술을 업그레이드하거나 신기술을 도입하는 시도를 해보기로 했다. 개발자 역량 향상을 위해 무분별하게 신기술을 도입하는 것은 이미 잘 운영되는 서비스에 좋지 않은 영향을 줄 수 있어 최대한 안정적으로 신기술을 도입할 수 있는 방법을 찾아야만 했다. 작은 영역에 먼저 신기술을 적용해보면 어떨까 생각했다. 문제가 없다면 조금 더 큰 단위로 적용하는 것이다.

마침 우리 팀은 화면에 표시되는 여러 컴포넌트 개발 프로젝트를 담당했다. 각 컴포넌트는 공통 로직을 담는 하나의 자바스크립트 파일을 제외하면 모두 독립적으로 동작했다. 배포 또한 독립적으로 진행됐다. 이런 구조는 컴포넌트 단위로 신기술을 적용하는 데 매우 유리했다. 현재 상황에서 신기술을 적용하는 프로세스를 만들었다.

1. 적용하고자 하는 기술이 서비스 사용자의 환경에 맞는 기술인지 확인한다.
2. 가장 작은 단위의 컴포넌트를 찾아 먼저 신기술을 적용한다.
3. 배포하기 전에 롤백 플랜을 수립하고 배포한 후 문제는 없는지 모니터링한다. 문제가 없다면, 그다음으로 작은 컴포넌트에 적용하는 계획을 수립한다. 문제가 발생하면 빠르게 롤백한다.
4. 점차 큰 단위의 컴포넌트에 적용하면서 3번 과정을 반복한다.
5. 신기술을 적용하기 전후의 개선 내용을 수치화하고 정리해 공유한다.

이제 프로세스가 잘 동작하는지 확인해볼 차례였다. 첫 번째 신기술로 esbuild를 적용했다. 빌드 속도 개선 및 빌드 결과물의 용량 개선에 도움이 될 것이라고 판단했다. 적용 자체는 간단했다. 하지만 서비스 사용자에게 문제가 없을지 검증해야 했다. 한 팀원이 매우 자세히 조사해 문제가 없다는 것을 증명했다. 이 과정이 매우 흥미로웠다.

esbuild는 ES5 이하의 문법을 완벽히 지원하지 않아 ES6 이상을 타깃으로 설정해야 했다. 이는 ES6를 지원하지 않는 환경에서는 정상적으로 수행되지 않을 수 있다는 의미다. 반대로 생각하면 현재 서비스 사용자의 환경이 ES6를 지원한다는 것이 증명되면 esbuild를 도입해도 된다는 이야기가 된다.

우선 사용자 환경을 조사했다. 주로 자바스크립트가 동작하는 브라우저 버전을 기준으로 ES6 지원 여부를 판단할 수 있다. 우리 서비스는 웹뷰에서만 동작해 웹뷰에서 얻을 수 있는 정보를 이용했다. 안드로이드는 기존 크롬 브라우저와 크게 차이가 없어 브라우저 버전 정보를 명확히 얻을 수 있었지만 iOS는 브라우저 버전 대신 웹킷WebKit 버전만 확인할 수 있었다.

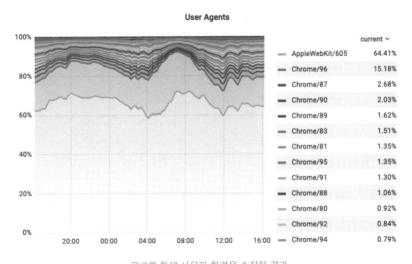

로그를 통해 사용자 환경을 수집한 결과

사용자 환경을 수집해보니 iOS 브라우저 버전은 웹킷 605라는 것을 알 수 있었다. 웹킷 605 버전에서 ES6가 지원되는지 알아야 했다. 웹킷 605 버전은 사파리 11부터 사용됐는데 ES6는 사파리 10부터 사용할 수 있다는 것을 확인했다. 먼 길을 돌아왔지만 결국 서비스 사용자의 환경에서 ES6가 완벽하게 지원된다는 것을 알았다. 그제서야 esbuild를 적용했다.

모든 컴포넌트에 바로 esbuild를 적용하지 않고 가장 영향도가 적은 컴포넌트부터 순차적으로 적용했다. 영향도가 적다는 것은 그만큼 노출되는 빈도가 낮다는 의미다. 가장 노출이 적은 컴포넌트를 찾았다. 서버 개발자의 도움을 받아 실제 호출된 요청이 가장 적은 컴포넌트를 찾을 수 있었다. 해당 컴포넌트에 먼저 esbuild를 적용했다.

충분히 QA를 진행한 후 문제가 없다는 것을 확인했다. 문제가 생겼을 경우 바로 이전 버전으로 되돌릴 수 있도록 준비를 마친 후 실제 사용자에게 배포했다. 배포한 직후 센트리로 모니터링하니 문제가 없었다. 일주일 동안 지켜보면서 추가로 발생할 수 있는 오류를 점검했다. 다행히 문제가 없었고, 다음으로 영향도가 적은 컴포넌트에 esbuild를 적용했다. 얼마 지나지 않아 모든 컴포넌트에 esbuild를 적용할 수 있었다.

확실한 데이터와 프로세스를 기반으로 신기술을 적용해보니 서비스 안정성에 문제가 없었다. 신기술을 학습함과 동시에 적용 과정에서도 많은 것을 배웠다.

컬렉션	before	after	before(gzipped)	after(gzipped)
music	1017.08 KB	1.07 MB	263.28 KB	300.51 KB
common	139.1 KB	102.19 KB	35.8 KB	33.31 KB
imageBridge	127.51 KB	113.2 KB	35.37 KB	29.48 KB
image	90.92 KB	84.28 KB	27.35 KB	26.41 KB
shopping	90.36 KB	57.96 KB	26.44 KB	17.46 KB
local	73.23 KB	53.2 KB	19.36 KB	16.04 KB
dic	68.9 KB	54.46 KB	18.64 KB	15.5 KB
expert	60.65 KB	26.71 KB	18.46 KB	13.04 KB
sticker	57.17 KB	24.72 KB	17.57 KB	11.18 KB
video	52.87 KB	37.15 KB	14.56 KB	10.87 KB
shoppingtw	51.5 KB	41.24 KB	15.8 KB	10.83 KB
oa	50.03 KB	36.41 KB	14.28 KB	9.19 KB
realtime	48.05 KB	35.05 KB	13.77 KB	8.82 KB

esbuild를 적용한 후 개선된 각 컴포넌트 용량

마지막으로 신기술을 적용한 후 어떤 효과가 있는지 정리했다. 개선 사항을 수치화하고 다른 팀에 공유해 함께 발전할 수 있는 계기를 만들 수 있었다. 앞으로도 레거시가 많은 프로젝트에 신기술을 마음껏 도입 해볼 수 있겠다는 자신감을 얻었다. 이 경험을 하기 전에는 프로젝트를 새로 시작하지 않는 이상 신기술을 사용해보는 건 현실적으로 어렵다고 생각했다. 핑계일 수 있지만 프로젝트를 운영하는 기간이 길어질수록 신 기술을 학습해야겠다는 동기부여가 많이 생겼다. 그동안 레거시 프로젝 트는 무조건 재미가 없다고 확신했던 나 자신을 반성했다.

성능 향상을 위해 노력하기

최근에는 하드웨어 발달로 이전보다 웹 서비스 실행 환경이 좋아졌다. 이는 웹 페이지 성능을 덜 고민해도 크게 문제없이 동작한다는 의미다. 그렇다고 성능을 전혀 고려하지 않으면 어느 순간 서비스는 느려지고 사용성이 저하되니 주의해야 한다.

주니어였을 때 사용자 단말에서 부드럽게 동작하도록 다양한 최적화 방법을 고민하고 적용한 적이 있다. 하드웨어 가속을 사용하고자 translateZ 속성을 부여하거나 layout 혹은 paint 이벤트가 발생하지 않는 CSS 속성을 사용하려고 노력했다. 어떤 상황에서도 FPS_{frames per second}를 60으로 유지해야 한다고 생각했다. 서비스가 지원하는 가장 좋지 않은 단말기를 대상으로 여러 번 테스트를 진행했다.

지금 돌이켜보면 애니메이션 수행 속도나 컴포넌트 동작 속도뿐만 아니라 웹 페이지 첫 진입 속도를 더 많이 개선했으면 어땠을까 하는 생각이 든다. 당시에는 onload 또는 DOMContentLoaded 이벤트를 기준으로 웹 페이지 성능을 주로 측정했다. 이 지표는 웹 페이지가 실제 사용자에게 보이는 시점보다는 웹 페이지에 필요한 리소스가 준비된 시점을 측정하는 지표다. 즉 실제 사용자 화면에 보이는 시점과는 다소 차이가 있을 수 있다.

성능 지표 측정에 활용한 웹 바이털 지표

최근에는 구글에서 이 지표를 개선하고자 발표한 웹 바이털Web Vitals 지표를 성능 측정에 주로 이용한다. 웹 바이털 지표는 앞서 말한 지표보다 사용자가 체감하는 웹 페이지 품질을 더 정확히 측정할 수 있다. 웹 바이털에서 제시하는 성능 지표는 여러 가지 있다. LCPLargest Contentful Paint, FIDFirst Input Delay, CLSCumulative Layout Shift를 핵심 지표로 제시한다.[1] 세 지표 중 LCP는 실제 사용자가 체감하는 웹 페이지 속도를 가장 잘 측정할 수 있는 지표이기에 많은 서비스가 LCP를 중요하게 생각하고 있는 추세다. 영국의 이동 통신 업체인 보다폰Vodafone은 LCP를 31% 개선하면서 매출이 8% 증가했다.[2] 이제는 웹 페이지 성능이 단순히 웹 페이지를 빠르고 자연스럽게 보이도록 하는 영역에서 벗어나 서비스 성공에 도움을 줄 수 있는 영역으로 발전했다고 볼 수 있다.

우리 팀에서도, 담당하고 있던 검색 서비스의 성능에 대해 관심이 높아졌다. 그래서 측정과 개선을 진행했다. 먼저 웹 바이털을 측정하려고 구글에서 제공하는 **web-vitals** 라이브러리를 이용했다. 해당 라이브러리를 이용하면 LCP, FID, CLS뿐 아니라 그 외 웹 바이털 지표를 쉽게 측정할 수 있다. 측정된 지표를 로그로 남긴 후 분석에 활용해야 한다.

---

[1]   web.dev/vitals

[2]   developers.google.com/search/blog/2021/04/vodafone-case-study

여기서 한 가지 고민이 있었다. 웹 바이털은 웹 페이지가 로딩된 후 한 번에 짠! 하고 측정이 완료되는 것이 아니다. LCP는 화면이 모두 그려지기 전까지 후보군이 바뀐다. FID는 사용자 입력이 있기 전까지는 측정되지 않는다.

어느 시점에 로그를 전송해야 모든 웹 바이털 지표를 얻을 수 있을까? 웹 바이털 지표가 새로 측정되거나 갱신되는 시점마다 로그를 보낼 수도 있다. 하지만 그렇게 되면 너무 많은 로그가 전송되거나 적재된 로그 중 어떤 것이 우리가 원하는 측정 값인지 확인하기 어렵다. 결국 사용자가 페이지를 이탈하거나 다른 페이지를 보다가 뒤늦게 진입하는 시점 (visibilityState가 변경되는 시점)에 로그를 전송하기로 결정했다. 최대한 늦은 시점에 지표를 측정해 정확도를 높이기 위해서였다.

다만 몇 가지 단점도 있었다. 사용자가 완전히 웹 페이지가 로드되기 전에 화면을 벗어나면 왜곡된 LCP 값이 로그에 적재될 수 있다. 또한, 사용자 입력 없이 브라우저의 다른 탭으로 이동하면 FID 값은 측정할 수 없다. 그럼에도 일반적인 사용자 지표를 가장 명확하게 측정할 수 있는 방법이라고 생각했다. 실제 적재되는 로그도 왜곡된 지표가 우려할 만한 수준은 아니었다.

LCP를 핵심 지표로 삼은 리포트 분석

수집한 지표 중 LCP를 핵심 지표로 삼고 분석을 시작했다. LCP는 사용자 체감 속도에 가장 가깝고 프런트엔드 성능뿐 아니라 백엔드 성능에도 민감하게 영향을 받는 지표이기 때문이다. 적재된 로그를 바탕으로 주기적인 리포트를 작성하는 것을 목표로 했다. 일주일 단위 리포트로 이번 주 배포에 적용된 로직이 성능에 어떤 영향을 주었는지 확인했다. 월 단위 리포트에서는 어떤 추세로 성능 변화가 진행되는지 장기적인 부분을 확인했다.

LCP로 측정한 성능 지표 리포트

매주 리포트를 작성할수록 측정된 지표가 어느 정도 믿을 수 있는지 고민됐다. 측정하고 개선하고자 했던 웹 페이지는 항상 고정적인 화면이 아니기 때문이다. 검색 서비스라는 특성상 사용자 질의에 따라 다른 화면이 노출된다. 검색 결과에 따라 LCP로 측정되는 영역이 달라질 수 있다. LCP에 영향을 주는 요소가 사용자마다 다를 수 있다는 의미였다.

리포트의 신뢰도를 높이려고 전체 LCP만 측정하지 않았다. 검색 결과에 첫 번째 또는 두 번째로 노출되는 영역의 LCP를 추가로 측정하고 수치화하는 것으로 문제를 해결하고자 했다. LCP는 실제 사용자에게 보이는 영역 중 하나이므로 첫 번째 또는 두 번째로 특정 영역이 노출됐을 때 측정된 LCP가 실제 해당 영역의 성능 지표라고 판단했다.

작성된 리포트를 바탕으로 기존보다 명확하게 성능 지표를 확인했다. 만약 새로운 기능이 추가된다면 기존에 측정한 수치 대비 어떤 변화가 있었는지 한눈에 확인할 수 있었다. 성능 지표 수치가 나빠졌다면 성능 개선을 할 것인지 아니면 롤백을 할 것인지 판단하는 근거로 삼았다. 앞으로 새 기능을 추가하고 싶을 때 현재 기준으로 어느 정도 수준의 성능 저하까지 허용할 수 있는지 역으로 계산해 가이드를 줄 수도 있었다. 처음에는 리포트를 단순히 현재 상황을 확인하는 용도라고 생각했지만 다양한 상황에서 의사결정 도구로 활용됐다.

프리로드로 LCP 개선하기

정기적인 리포트를 활용해 성능 지표를 활용했고 동시에 LCP를 개선할 수 있는 방법을 고민했다. 여러 방안이 있었다. 아직도 진행 중이긴 하지만, 라인 검색 서비스에 적용했던 프리로드 사례를 하나 간단히 소개해보겠다.

검색 결과 페이지는 여러 영역으로 구분됐다. 예를 들어 사용자가 'BTS'를 검색하면 음악 검색 결과, 인물 검색 결과, 뉴스 검색 결과 등 다

'サッカー(축구/좌)'와 'bts(우)'를 검색했을 때 LCP 영역이 크게 다르다

양한 영역의 검색 결과가 한 페이지에 노출된다.

영역마다 동작에 필요한 리소스(HTML, CSS, 자바스크립트)가 필요하고 CSS가 로드되는 시점에 해당 영역이 화면에 나타난다. 기존에는 사용자가 검색 결과 페이지에 진입할 때 모든 영역의 리소스를 프리로드하는 방식을 사용했다. 그러다 보니 실제 검색 결과 화면에 필요한 리소스를 로드하는 것보다 프리로드를 먼저 수행해 화면이 느리게 그려지는 문제를 발견했다.

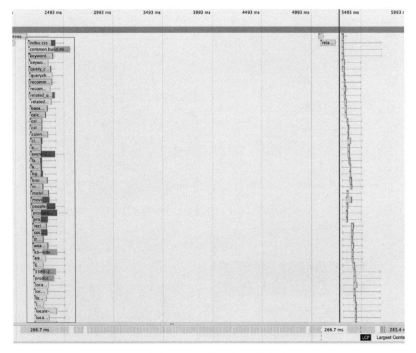

개선 전 리소스 로딩 상황 및 LCP 측정 시점

프리로드는 실제 리소스가 필요한 시점보다 미리 리소스를 가져와 실행 시점에 더욱 빠르게 리소스를 사용할 수 있도록 해준다. 그런데 화면에 표시되지 않는 리소스에 대해서도 프리로드를 수행하면 불필요하게 시간이 낭비될 수 있다. 이를 개선해 모든 리소스를 프리로드하는 것이 아니라 현재 검색 결과 페이지에 필요한 영역의 리소스를 우선 프리로드 및 수행하도록 했고, 화면이 모두 노출된 후 다른 리소스를 프리로드하는 방식으로 개선했다. 그 결과, LCP가 기존 대비 약 150~300ms 정도 빨라졌다.

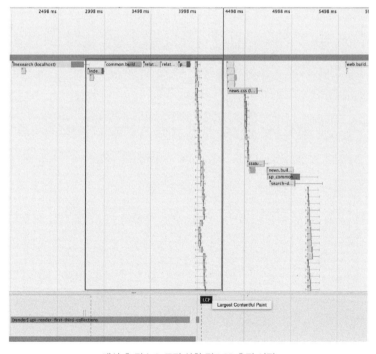

개선 후 리소스 로딩 상황 및 LCP 측정 시점

이 밖에도 이미지 용량을 최적화하고 불필요한 자바스크립트 로직을 제거하는 등 다양한 성능 개선을 진행하고 있다. 아쉽게도 성능 개선이 서비스에 얼마나 영향을 주었는지 당장은 확인하기 어려운 상황이다. 하지만 앞으로 성능 면에서 프런트엔드 개발자가 어떤 역할을 해야 하는지, 얼마나 많은 일을 할 수 있는지 기대감을 갖게 됐다. 프런트엔드 개발자도 서비스 발전에 큰 역할을 할 수 있다.

더 많이, 더 넓게, 프런트엔드 개발자의 역할

과거의 경험을 하나씩 돌아봤다. 프런트엔드 개발자로서 서비스를 오픈해 뿌듯했던 기억, 도저히 해결할 수 없을 것 같던 이슈를 마주한 기억, 서비스를 시작하고 종료했던 기억이 새록새록 떠올랐다.

한때는 내가 개발에 참여한 서비스마다 성공하지 못하고 종료되면서 프런트엔드 개발자의 역할을 심각하게 고민했다. 주변 동료에게 내가 클로저 같다고 우스갯소리를 하기도 했다. 하지만 마음속 한편에는 더 잘할 수 있을 것 같다는 생각을 했다. 운이 좋게도 다양한 기회를 얻었다. 프런트엔드 개발자로서 해야 할 일, 할 수 있는 일을 많이 배웠다. 덕분에 그동안 단편적으로 프런트엔드 영역을 보고 달려온 것은 아닌가 반성했다.

프런트엔드 개발자를 꿈꾸는가? 프런트엔드 영역에 흥미가 있는가?

감히 말한다. 프런트엔드 개발자는 단순히 화면에 노출되는 영역만 담당하지 않는다. 물론 화면에 노출되는 영역이 가장 중요하긴 하지만, 전부는 아니다. 프런트엔드 개발자도 서비스에 영향을 줄 수 있는 부분이 굉장히 많다. 앞으로 더 많아질 것이다.

꿈을 현실로,
프런트엔드 솔루션과
서비스 개발

손찬욱

아내, 아들, 딸밖에 모르는 철부지 남편인 프런트엔드 개발자. 소프트웨어 아키텍트로
시작해 프런트엔드로 넘어와 JMC, egjs 같은 오픈소스를 개발했고, 네이버 메인, 쇼핑,
블로그 서비스 개발에 참여했으며, 현재는 네이버파이낸셜 금융FE에서 금융 서비스를
만들고 있다. 공유와 참여, 그리고 강의에 관심이 많아 iScroll 커뮤터 및 MS MVP로도
잠시 활동했다.

내가 프로그래머 직업을 갖게 된 이야기는 사실 좀 진부할 수 있다.

1990년, 초등학교 3학년 때다. 동네 형을 따라 컴퓨터 학원을 다녔다. 〈삼국지〉와 〈페르시아의 왕자〉 같은 컴퓨터 게임을 접하게 되면서 밤새 게임을 하기도 했다. 게임을 하면서 MS-DOS도 쓰고 프로그래밍도 홀로 배웠다.

당시 지방에는 컴퓨터 학원이 흔하지 않았고 주변에 IT 관련 직업을 가진 분도 적어 혼자 할 수밖에 없었다. 별다른 취미도 없었고 남다른 재능도 없었다. 있다면 무언가를 만들거나 그림 그리는 것을 남들보다 조금 더 잘했던 것이다. 그냥 집안 대대로 내려오는 몇 가지 손재주 정도였다.

어렸을 때부터 꿈에 대한 질문을 들으면 항상 '프로그래머'를 말했다. 지금은 흔한 직업이 되었지만 그때까지만 해도 프로그래머는 꿈을 만드는 사람처럼 보였다. 미래를 만들어가는 선구자 같았다. 프로그래머가 되면 빌 게이츠처럼 똑똑하고 돈 많은 사람이 될 것 같았다.

현실은 생각했던 것과 달랐다. 어려서 몰랐지만 닷컴버블(1995~2001)과 함께 IMF(1997~2001)를 겪으면서 IT 종사자는 3D 직종으로 치부됐다. 프로그래머가 되기보다는 공무원이 되길 원했다. 그때 당시 나는 장래를 고민하는 사람이 아니었다. 그냥 하고 싶은 프로그래머가 되고 싶었다. 공부하고 싶은 환경을 갖춰 해보고 싶은 것을 하고 싶은 마음뿐이었다.

첫 사회생활

대학에 들어갔을 때부터 컴퓨터 프로그래머를 꿈꿨다. 남들보다 더 열심히 학습했고 연습했다. 학부에서 열심히 했던 덕분인지 여러 기회도 얻었고 창업 센터의 프로그래밍 일을 도와주기도 했다. 요즘과 같은 창업 환경과 학습 환경이었다면 아마 지금은 창업자가 되지 않았을까? 그때의 나는 기업에 입사하는 것을 선택했다.

지금과 같이 본격적으로 취업을 준비하는 분위기는 아니었지만 내 나름대로의 준비를 했다. 학부에서 했던 과제를 정리하는 습관이 있다 보니 자연스럽게 내가 했던 것을 포트폴리오로 준비했다. 사이드 프로젝트였던 과제도 정리하니 두툼한 책자가 나올 정도였다. 깃허브 링크로 제출하면 될 일이지만 당시에는 두꺼운 포트폴리오 책을 들고 면접을 보러 다녔다. 덕분인지 면접에서 보는 족족 합격했다.

첫 번째 사회생활은 L 기업의 대형 SI 회사의 프로그래머였다. 회사 연수에서 1등을 할 정도로 내 열정은 컸다. 하지만 정작 내가 했던 일은 생각과 달랐다. 개발 중심의 회사로 생각한 곳은 프로세스와 고객 중심의 SI 회사였다. 학부 때 연습 삼아 개발했던 익숙하지 않은 웹이 그 중심에 있었다.

처음 소속됐던 팀은 공공 SW 아키텍트 팀이었다. 대규모 시스템의 아키텍처를 잡고 공통 모듈을 만든 후 만든 모듈과 아키텍처를 개발자에게 가이드하고 교육하는 역할이었다. 코드도 잘 못 짜는 그 시기에 엄청난 일을 해야 한다고 하니 자부심을 느끼는 한편 두려움도 느꼈다. 산전수전 다 겪은 고참 개발자들에게 풋내 나는 신입 개발자가 가이드를 제공한다고 하니 얼마나 우스운 일인가?

식은땀이 날 정도로 아찔했던 경험이 있다. 프로젝트에서 사용하는 형상 관리 서버의 버전 업을 해야 할 일이 있었다. 금요일 저녁까지 코드

반영을 부탁하고 모두 퇴근한 시간부터 작업을 시작했다. 코드를 고치고 버전 업을 하고 대응 방법까지 문서로 작성했다. 주말 새벽까지 작업한 후 개발자가 적용할 수 있도록 가이드 문서도 착실히 작성했다. 각 팀 개발 PM의 책상 위에 올려뒀다. 작업 후 몇 번이고 검토했기 때문에 잘될 것이라고 확신했다.

월요일 아침을 맞이했다. 난리가 났다. 개발자 100여 명이 내 작업으로 거의 하루를 아무것도 하지 못하고 시간만 보내게 됐다. 개발 PM과 프로젝트 고객의 항의가 빗발쳤다. 죄를 지은 사람처럼 하루를 보냈다. 한참 일정이 빠듯한 시기에 일어난 일이었다. 너무나 곤욕스러웠다.

작업은 잘됐다. 가이드도 잘 만들었다. 문제는 새로운 형상 관리를 적용하는 것이었다. 가이드 자체가 10여 장 정도 되다 보니 이해하기 어려

윘던 모양이다. 나름 쉽게 이해할 수 있도록 삽화까지 넣었지만 양이 많아 개발자들은 적용에 어려움을 겪었다. 틀리지는 않았지만 나만 이해한 문서를 제공했던 것이다. 이때를 교훈 삼아 지금은 기술 문서를 쓸 때 간결하게 쓴다. 그리고 항상 다른 사람의 피드백을 받으려고 노력한다.

생각해보면 어떻게 신입 개발자에게 이런 일을 맡겼는지 의문이 들지만 당시에는 기술력이 중요하지 않았다. 누군가가 공통의 일을 해줘야만 했다. 서비스에서 하는 업무 부담을 줄이고자 가급적 공통 모듈에서 모든 일을 하는 것이 프로젝트 전체로 보면 이득이었다.

그 당시 SI는 시간과 요구 사항의 싸움이었다. 품질은 형식을 갖추기 위한 준비일 뿐 실제 존재하지 않았다. '코드의 품질을 위한 기술력보다는 요구 사항에 맞춰 얼마나 빠르게 만들 수 있는가'를 더 중요하게 생각했다. 물론 지금의 SI 현장은 그렇지 않다고 믿는다.

그때 만든 대다수 공통 모듈 및 제공했던 가이드는 범용성과 확장성보다는 어느 누가 와도 손쉽게 해당 과제를 수행할 수 있는가에 중점을 둔 모듈 덩어리였다. 서비스 영역도 마찬가지였다. 기능에만 적합하면 됐다. 그렇다 보니 오픈 이후에는 유지 및 보수 비용이 커지는 것은 물론 바꾸는 것도 쉽지 않았다. 희한하게도 이런 이유로 유지 및 보수까지 착수한 회사가 프로젝트를 유지할 확률이 높아졌다.

좋은 점도 있었다. 개발적인 면에서는 기능과 납기가 우선인 환경이었지만 엔지니어 관점에서는 남들보다 더 빨리 많은 경험을 할 수 있었다. 도메인을 분석해 서비스 기능을 구현하는 개발자와 달리 아키텍처를 준비하고 설계하는 역할을 하다 보니 어린 나이에 다양한 기술적 경험을 했다.

웹 앱 서버를 직접 구축해봤다. 부하 테스트와 DB 페일오버failover 테스트도 해봤다. 슬로 쿼리slow query와 메모리 누수 분석도 하면서 탄탄한 서비스를 만들어가는 작업을 선배 개발자와 함께 경험했다. 경험을 하면 할수록 엔지니어로서 자부심을 느꼈고 나름 재미도 있었다.

하지만 내가 어렸을 때부터 하고자 했던 프로그래머의 모습과는 너무나 달라 마음속 한구석에서는 항상 '나는 어렸을 때 꿈꿨던 프로그래머인가?' 하는 의문이 있었다. 정말 가치 있고 소중한 경험이었는데 막연한 불안감과 결핍으로 다가왔다. 몇 번의 프로젝트를 경험하면서 일에 익숙해질 때 회사는 관리자 역할을 요구했다. 내가 가지고 있던 막연한 불안감과 결핍도 더욱 커져만 갔다.

프런트엔드 솔루션 개발자

처음 개발을 시작할 때인 2007년에는 기존 앱을 웹 앱으로 전환하는 차세대 과제가 진행되는 웹 보급화 시기였다. 서버와 클라이언트 앱 중심의 아키텍처에서 서버와 브라우저 중심의 웹 앱 아키텍처로 변화했다. 비즈니스 로직이 자연스럽게 브라우저 영역으로 확산됐고 브라우저에서의 개발 중요도도 함께 높아졌다.

자바 기반의 스트럿츠Struts 웹 프레임워크가 나타나기 시작했던 시기였다. 뒤를 이어 의존성 주입dependency injection, DI과 제어 반전inversion of control, IoC 개념을 가진 스프링 프레임워크가 나타나 사람들의 관심이 스프링에 쏠려 있었다. 나 역시 스프링에 관심을 가지고 학습했다.

하지만 우연히 함께 일하게 된 개발자를 보면서 관심사는 크게 바뀌었다. 나와 달리 자바스크립트를 정말 잘 활용했다. 프로젝트를 진행하던 중 여유가 생기면 그분이 작성한 코드를 살펴보는 게 내 취미가 됐다. 자바스크립트는 자바 같은 명확한 언어와 달랐다. 굉장히 자유롭고 해괴망측한 사용 패턴을 가지고 있었다. 정석인 패턴보다는 기교에 가까운 코드를 보며 호기심과 학구열이 자극됐다. 더불어 해괴한 언어를 컴파일 없이 브라우저에서 손쉽게 테스트해보고 바로 개발 결과를 확인할 수 있다는 것이 더욱 매력적이었다.

그동안 브라우저에서는 액티브X 기반의 외부 솔루션으로만 동적인 작업을 할 수 있다고 믿었던 나였다. 자바스크립트와 브라우저 API만으로 동적인 앱을 만드는 것이 신기했다. 자바스크립트를 함수 몇 가지만 복사 붙여넣기하면 되는 언어로 치부했던 내가 부끄러웠다. 자기 반성과 함께 품질보다는 일정을 중요시하는 등의 꿈꾸던 개발자와는 다른 모습에서 느끼던 마음 한구석의 찜찜함을 극복하고자 5년간의 백엔드 개발자 생활을 접고 '프런트엔드 개발자'가 되고자 마음먹었다.

그래, 이게 프로그래머지!

2011년, 프런트엔드 개발자는 흔하지 않는 직군이었다. 로직이 없는 HTML과 CSS를 다루는 사람들이 프런트엔드를 시작하는 경우가 많았다. 프로그래밍의 기본을 이해하지 못해도 쉽게 배울 수 있어 진입 장벽이 낮았고 이 때문에 웹 퍼블리셔나 인코더encoder라고 하찮게 부르는 사람도 있었다. 지금은 모바일 디바이스와 서버리스serverless 환경이 갖춰지면서 프런트엔드 개발자의 수요가 높아졌다. 개발자의 위상도 함께 높아졌지만 내가 되고자 하는 프런트엔드 개발자는 몇몇 외국 회사를 제외하면 국내에서 찾기 어려웠다.

그나마 국내 포털에서만 보기 드물게 프런트엔드를 전문적으로 다루는 개발 조직을 갖춰 기존 웹에서 구현이 불가능하다고 믿었던 기능들을 만들어가는 새로운 시도가 있었다. 운 좋게도 나는 그런 조직에서, 바로 네이버에서 첫 프런트엔드 경력을 시작했다.

첫 번째 프런트엔드 프로젝트는 한자 필기입력기였다. 브라우저 캔버스 API를 이용하여 마우스로 한자 획순을 그리면 결과를 인식해 비슷한 한자를 목록에 노출시키는 기능을 했다. 많이 미숙했지만 프런트엔드 개발자로서 첫 프로젝트였기에 기억에 남는다.

워터폴waterfall 방식의 프로젝트를 경험한 나에게 애자일 프로젝트의 경험은 색다르게 다가왔다. 동료와 코드를 잘 짜고자 주고받는 의견도, 논쟁도 신이 났다. 우리가 만든 코드를 검증할 주체가 없어 테스트 코드를 짜고 자동화하는 경험도 정말 즐거웠다. 물론 크로스 브라우저cross browser

문제를 다룰 때는 다양한 브라우저 환경에서 내가 개발한 테스트 코드를 테스트해야 하는 고된 작업도 있었다. 하지만 직접 테스트하면서 애착을 더 갖게 된 좋은 시간이기도 했다.

스스로 저품질 서비스를 만들어간다는 답답함이 없어서 좋았다. 무엇보다 어렸을 때부터 그려왔던 프로그래머가 되었다는 사실이 굉장히 좋았다.

모바일 시대

아이폰과 갤럭시 등의 스마트폰이 등장하면서 PC 주도의 웹 서비스가 모바일 중심의 웹 서비스로 변화하는 시기가 왔다. 많은 기업이 자신의 서비스를 모바일 앱이나 웹에서 제공하고 싶어 했다. 게다가 모바일 서비스의 성공 이야기가 곳곳에서 들려왔다.

네이버도 다르지 않았다. 검색 기반의 서비스 특성상 앱보다는 웹이 더 중요한 영역이었다. 모바일 웹 환경에서 개발을 손쉽게 할 수 있는 모바일용 라이브러리 집합체가 필요했다.

당시 모바일 라이브러리로는 제이쿼리 모바일, 센차Sencha 등이 있었으나 모바일 초창기였기에 마땅히 쓸 만한 게 없었다. 특히 갤럭시 환경에서는 더더욱 그러했다. 국내 서비스를 제공하는 입장에서는 특별한 선택지가 없었다. 우리가 만들지 않는 이상 해결 방법이 없었다. 다행히 이미 팀에는 진도 컴포넌트Jindo Component라는 데스크톱 중심의 모듈이 있었다.

이를 바탕으로 모바일에 특화된 JMC_{Jindo Mobile Component}를 사내 공통 컴포넌트로 개발하기 시작했다. 기존 아키텍트 팀처럼 서비스 도메인을 다루지는 않았지만 기술을 자세히 살펴보고 고민한다는 점은 프런트엔드 개발이 아직 미숙한 나에게 기회이기도 했다.

가장 큰 이슈는 크게 두 가지였다. 첫 번째는 성능, 두 번째는 크로스 브라우저 대응이었다.

성능 문제를 해결하고자 성능을 높일 수 있도록 브라우저 엔진을 공부했다. 렌더링 과정을 찾아보면서 구조 설계를 여러 번 바꾸며 테스트했다. 정답이 없는 과정이었지만 나름의 성과도 있었고 재미까지 있었다.

두 번째 이슈인 크로스 브라우저는 정말 답이 없는 활동이었다. 화학자가 자연계에 있는 적합한 원소를 찾아 헤매듯 각 제조사 브라우저의 예상치 못한 동작을 피하기 위해 몸으로 부딪혀 제조사의 의도를 파악해야만 했다. 손의 지문이 없어질 정도로 터치와 스크롤 테스트를 많이 했다. 다양한 해결책을 찾아다녔다. 힘든 과정이었지만 역시 재미있었다.

함께한 동료와 팀워크가 좋았다. 산출물을 만드는 과정을 통해 성장할 수 있었다. 더불어 우리가 고민했던 부분을 JMC 사용자는 고민하지 않고 서비스 개발에 집중할 수 있어 모두 만족할 수 있는 프로젝트였다.

오픈소스를 당해낼 재간이 없다

외부 업체에서도 사용할 정도로 JMC 경쟁력은 독보적이었다. 하지만 자바스크립트 프레임워크의 사실상 표준이었던 제이쿼리 생태계를 소수 개발자가 이겨낼 수는 없었다. 우리의 경쟁력이었던 다양한 컴포넌트들은 오히려 발목을 잡았다. 우리의 장점이라고 이야기했던 성능과 크로스 브라우저의 장점은 고사양 핸드폰 사용과 브라우저 엔진의 변화로 점점 경쟁력을 잃어갔다. 그때는 맞았지만 지금은 틀린 상황이 됐다.

짧은 기간이었지만 어쩔 수 없는 시대의 변화로 제품의 성공과 쇠퇴기를 동료와 함께 목도했다. 참 많은 생각을 했다. 조직 개편까지 하면서 함께 일했던 좋은 동료들은 다른 회사로 이직했다. 나 또한 이직 고민을 했다. 하지만 이직을 하기에는 더 경험하고 싶은 것이 많이 있었다. JMC를 오픈소스로 하는 프로젝트도 하고 싶었다.

비록 시대적인 변화로 JMC 경쟁력은 떨어졌지만 Flicking 및 Infinite Grid처럼 대중적이고 구조적으로 성능 이슈를 해결할 수 있는 몇몇 컴포넌트가 있었다. 경쟁력 있는 몇 개 컴포넌트를 오픈소스화해 egjs라는 이름으로 첫 오픈소스 개발을 시작했다.

되지도 않는 영어로 깃허브에 이슈와 풀 리퀘스트를 적었다. 온라인에서 외부 개발자와 커뮤니케이션도 했다. 개인적으로 굉장한 만족감을 얻었던 시기다. 일하면서 오픈소스 생태계에 기여한 것뿐만 아니라 커리어에도 많은 도움이 됐다. 덕분에 iScroll 커뮤터가 되고 MS MVP로 활동도 했다.

2022년에도 egjs라는 이름으로 함께했던 동료들이 우리가 시작했던 일을 계속 발전시키고 있다. 지금은 해외에서도 사용할 정도로 많은 사람이 사용하는 국내 오픈소스다. 정말 자랑스럽고 뿌듯한 일이 아닐 수 없다.

프런트엔드 서비스 개발자

Backbone.js와 앵귤러JS 등 SPA와 같은 구조적인 프런트엔드 환경이 대두됐다. 하지만 여전히 DOM을 직접 다루는 방식으로 프런트엔드 개발을 한다. 이 방식은 리액트 등장과 함께 균열이 가기 시작했다.

리액트의 가상 돔virtual DOM 아이디어는 기존 DOM 기반의 UI 개발 방식을 데이터 중심의 UI 개발로 바꾸었다. 리액트의 JSXJavaScript XML는 선택이었던 번들러를 필수로 만들었다. 환경적인 변화와 함께 현실적으로 사용할 수 없었던 ES.next 스펙은 기본 중에 기본이 됐다.

변화의 소용돌이에 동참하고 싶었다. 사용자의 요구 사항을 직접 경험할 수 있는 서비스 개발을 하고 싶었다. 지금까지 솔루션 중심의 개발만 하면서 기술 역량은 높아졌지만 실제 사용자의 요구 사항을 이해하는 능력은 부족하다고 생각했다. 분명 프런트엔드 개발자인데 사용자와는 멀리 떨어져 있었다. '서비스 요구 사항을 경험해야 지금 만들고 있는 솔루션도 더 잘 만들 수 있지 않을까?'라는 생각에 다시 한번 다른 일을 해보기로 했다.

프런트엔드 서비스 개발

애자일 방법론 기반의 개발 과정을 제외하고는 SI 때 경험과 유사한 서비스 개발 과정과 프로세스는 익숙했다. 다만 공통 프레임워크, 서버 환경과 같은 기반 기술 쪽을 담당해 도메인보다는 기술 이슈가 더 중요했다.

포털 서비스 개발자는 포털이 많은 사용자가 사용하는 서비스이기에 기술적인 요소는 당연히 챙겨야 하는 부분이다. 다른 게 있다면 '마켓 타이밍'에 맞는 서비스를 개발하는 것이었고, 이것이 특히 중요했다. 기술은 생산성을 높여 마켓 타이밍을 효과적으로 맞추는 데 필요한 수단이었고 기본인 덕목이었다.

솔루션과 서비스에서 바라보는 가치가 다르다 보니 나 또한 다른 관점에서 개발하고 고민했다. 서비스의 기획과 설계 과정의 참여 빈도는 달라도 구성원이 함께 참여한다. 하지만 실제 프런트엔드 개발이 이루어지는 시기는 서비스 개발 프로세스의 마지막 공정이기에 각 영역의 진행 상황에 따라 서비스 전체 일정이 영향을 받을 수밖에 없다. 그만큼 부담스러운 상황에 놓일 확률이 높다.

프로젝트 과정을 간단한 예로 살펴보겠다. 내가 작성한 글을 보여주는 서비스 개발을 한다고 하자. 우선 기획에서 목록에 들어갈 노출 정보를 정의하고 사용자 유입 경로를 정의한다. 정의된 정보를 사용자가 더 잘 인식하기 위한 화면 설계가 진행되고 해당 설계를 바탕으로 필요한 데이터와 초기 노출되는 화면에 대한 페이지 작성도 백엔드에서 준비한다. 준비가 끝난 후에야 프런트엔드 개발자는 디자인된 화면과 백엔드에서 전달하는 페이지, 그리고 데이터를 바탕으로 '내가 작성한 글을 보여주는 목록' UI 작업을 할 수 있다. 프런트엔드 개발이 끝난 후 서비스 품질 검증을 위한 QA를 진행하고 QA 확인과 대응이 끝나면 서비스를 오픈한다.

기획	화면 설계	페이지 작성	UI 작업	QA	
노출 정보 및 사용자 유입 경로 정의 _백엔드	_백엔드	데이터 및 초기 노출 화면 _백엔드	_프런트 엔드	서비스 품질 검증	서비스 오픈

작성한 글을 노출하는 서비스 개발 과정

만약 기획이 늦어지면 설계가, 설계가 늦어지면 백엔드가, 백엔드가 늦어지면 프런트엔드가 영향을 받아서 결국 원하는 마켓 타이밍에 서비스를 출시할 수 없게 된다. 물론 굉장히 극적인 상황을 단순하게 이야기했지만 실제 프로젝트에서 종종 발생한다.

프런트엔드의 개발 일정은 프런트엔드 개발자들이 통제하기 어려운 프로세스다. 전체 일정에 차질이 생기지 않게 하려면, 최대한 초반 개발 프로세스에서 검토되지 않는 건이 없도록 커뮤니케이션하고 리스크를 관리해야 한다.

이때 나의 최대 고민은 이 과정에서 프런트엔드 개발자가 지불하는 비용을 줄일 수 있는 방법과 프런트엔드 개발자 내에서 리스크를 관리할 수 있는 방법을 찾는 것이었다.

SSR과 콘웨이의 법칙

하나의 소스로 클라이언트(브라우저)와 서버(Node.js) 환경에서 사용할 수 있는 SSR 환경을 리액트와 앵귤러, 뷰 같은 대표적인 프레임워크가 지원하면서 서버와 클라이언트를 단일 언어인 자바스크립트로 개발할 수 있게 됐다. 그뿐만 아니라 도커Docker, 쿠버네티스Kubernetes같은 컨테이너 기반의 클라우드 환경이 지원되면서 인프라 구축과 운영에 대한 진입 장벽도 낮아졌다. 이렇게 환경이 변화하면서 프런트엔드 개발자도 자연스럽게 서버 개발자의 역할을 하게 됐다.

내가 서비스 개발을 하게 됐을 때도 이런 기류가 만연했다. 나 역시도 하나의 언어로 서버와 클라이언트를 함께 개발할 수 있다면 개발 생산성 면에서 효과적일 것이라고 생각했다.

불행인지 다행인지 모르겠지만 나의 공식적인 첫 번째 시도는 국내에서 가장 많은 트래픽을 받는 네이버의 블로그 서비스였다. 그때까지만 해도 Node.js 서버로 블로그의 사용자 트래픽을 감당할 수 있을 것이라고 생각하는 사람은 아무도 없었다.

개인적으로 SI 때 부하 테스트와 페일오버 등의 경험이 있었고 해외 적용 사례도 많아 두렵긴 했지만 흥미롭게 시작했다. 확실히 브라우저에서만 동작하던 코드를 작성하던 것에 비해 서버와 브라우저 모두에서 동작하는 코드를 만드는 것은 익숙한 일은 아니었다. 개발 생산성을 높일 수 있을 것이라는 막연한 생각은 착각이었다. 복잡도도 증가했다.

초기에는 코드의 복잡성을 통제하는 장치를 만들고, 프로세스와 코드로 장치를 녹이는 작업도 해야 했다. 이를 이겨내면 확실히 개발 생산성도 높아지는 것은 물론 이점도 많았다.

우선 프런트엔드와 백엔드 영역을 명확하게 분리할 수 있었다. 프런트엔드는 백엔드와 API에 대한 명세만 커뮤니케이션하면 되므로 커뮤니케이션 비용을 줄일 수 있다. 또한, 초기 페이지를 프런트엔드에서 구성하니 사용자의 사용성을 온전히 프런트엔드에서 제어할 수 있었다.

예를 들어 페이지 로딩 시 사용자에게 바로 보여줄 콘텐츠 영역을 서버에서부터 다루는 것은 물론 검색 노출에 필요한 SEO 정보도 프런트엔드에서 일괄적으로 다룰 수 있었다.

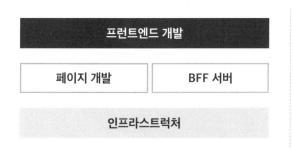

프런트엔드와 백엔드 영역 분리

처음에는 예상하지 못했지만 막상 적용해보니 얻을 수 있는 게 많았다. 서비스 개발자가 된 후부터 줄곧 줄이고 싶었던 비용을 줄였다. 프로세스에서 지불했던 비용이 줄었고 궁극적으로 프로젝트의 개발 생산성도 높아졌다. 물론 프런트엔드 개발자의 일은 더욱 늘어났지만 기존보다는 통제가 더욱 쉬워 프로젝트 전체적으로는 리스크를 줄일 수 있었다.

콘웨이의 법칙Conway's law이라는 게 있다. 멜빈 콘웨이Melvin Conway가 제안한 법칙으로 시스템 구조는 설계하는 조직의 커뮤니케이션 구조와 닮는다는 내용이다. 마찬가지로 프런트엔드와 백엔드 역할이 명확히 나뉜 상황에서 개발 프로세스와 시스템을 명확하게 구분하지 않는 경우 더욱 통제가 어려워진다는 것이다.

프런트엔드는 SSR 이전까지만 해도 백엔드와 함께 사용할 수밖에 없는 시스템 구조였다. 어려움을 겪을 수밖에 없었다. 결국 프런트엔드 프로세스와 시스템을 개선하고자 하는 노력의 결실이 콘웨이의 법칙을 증명하는 길이 되었던 것이다.

내가 겪은 프런트엔드 개발자

프런트엔드 개발, 백엔드 개발, 솔루션 개발부터 서비스 개발을 해보고 느낀 것이 있다. 어렸을 때 막연히 꿈꾸었던 프로그래머의 모습은 하나가 아니라는 사실이다. 좋은 개발자가 되려면 항상 배우고 성장해야 한다. 그리고 자신이 속한 도메인 및 역할마다 필요한 역량과 성장의 지향점도 다르다.

프런트엔드 개발 솔루션 개발자와 서비스 개발자일 경우 어떤 태도로 개발하는지 살펴보겠다. 혈액형 테스트나 MBTI처럼 가볍게 읽어보길 바란다.

프런트엔드 솔루션 개발자

솔루션 개발자에게 필요한 덕목은 호기심과 탐구심이다. 더불어 반복적인 일을 싫어하는 성격까지 갖췄다면 금상첨화다.

개발할 때는 일정보다는 결과에 집중한다. 이 직군은 내가 만든 산출물에 자부심을 갖고 문제를 해결할 때는 커뮤니케이션보다는 기술로 문제를 해결해야 직성이 풀리는 사람들이다.

반복적인 일은 싫어하지만 많은 곳에서 내가 만든 솔루션을 사용할 것이기 때문에 사람이 테스트하는 것보다 컴퓨터가 자동으로 테스트해주길 바란다. 테스트 자동화에 관심이 많다. 이를 통해 절약한 내 시간은 기술 습득과 프로토타이핑으로 나의 기술 역량을 높이고 싶어 한다.

나의 활동으로 모두가 이롭게 된다는 이타주의도 필요하다. 주의해야 할 점은 내가 만든 솔루션의 사용성을 외부에서 계속 듣고자 노력해야 한다는 점이다. 그렇지 않으면 우물 안 개구리처럼 모두를 위한 개발이 아닌 나를 위한 개발이 된다.

프런트엔드 서비스 개발자

서비스 개발자에게 필요한 덕목은 서비스를 이해하는 능력과 프로세스 관리다. 지속적으로 서비스를 개선할 수 있는 기술에 대한 호기심과 지구력이 있다면 금상첨화다.

철저한 자기 관리로 나 때문에 주변 동료의 일정이 영향받지 않도록 노력해야 한다. 더불어 동료가 놓치고 있는 상황도 공유하고 함께 리스크를 관리할 수 있는 너그러운 배려심도 필수다.

개발할 때는 결과의 산출물보다는 우선순위에 집중한다. 산출물은 사용자의 요구 사항을 보면서 지속적으로 개선할 수 있어야 한다. 또한, 기술 부채가 생기지 않도록 지속적으로 개발하고 확인하는 모습도 필요하다. 이 직군은 문제를 해결할 때 기술적인 접근법으로 해결하는 것도 좋아하지만 커뮤니케이션과 인사이트로 해결했을 때 더 만족감을 느낀다.

주의할 점은 자신이 만드는 서비스뿐만 아니라 경쟁 서비스들에도 내 서비스만큼 관심을 가져야 한다는 점이다. 그렇지 않으면 낙후되는 내 서비스의 위치를 지나친 서비스 사랑 때문에 파악하기 어려워진다.

앞으로도 계속될 나의 성장

개발자 직군은 다양하다. 직군 중 하나인 프런트엔드 직군 또한 다양하다. 이 글은 내가 프런트엔드 개발자가 된 여정을 간략히 기록한 것이다. 프런트엔드 경험은 다소 편향된 것처럼 보일 수 있지만 역할마다 중요하다고 바라보는 역량과 가치는 분명히 달랐다.

지금까지 좋은 동료들 덕분에 같이 배울 수 있었고 같이 고민할 수 있어 좋았다. 하지만 사람은 경험이 쌓일수록 해보고 싶은 것이 하나씩 생긴다. 사용자 접점에 있지만 내가 관심 있는 도메인이 아니기에 기술적인 만족감과 동료와의 우애는 깊어졌지만 내가 좋아하는 서비스를 만들고 싶다는 충동이 있었다. 지금은 이런 고민을 바탕으로 내가 관심 있는 금융 분야에서 프런트엔드 서비스 개발을 한다.

앞으로 어떤 일을 할지는 알 수 없다. 분명한 것은 멈추지 않고 학습하며 성장할 것이라는 점이다.

임베디드에서
프런트엔드 개발자가 된
우여곡절

김다현

항상 부족한 부분을 채우기 위해 노력하는 개발자. 다양한 기술 도메인 경험이 있으며, 그 경험을 바탕으로 웹 생태계에서 살아가며 시너지를 모색하고 있다. 웹은 다양한 사람에게 기회를 제공하는 멋진 공간이라는 믿음으로 오늘을 살아간다.

최근 많은 IT 분야 기업이 대학을 졸업하지 않았거나 IT 전공이 아니라도 다양한 방식(부트 캠프, 패스트 캠프, 인턴십 등)을 활용해 능력 있고 재능 있는 신입 개발자를 발굴하고 있다.

　실제로 과학기술정보통신부와 소프트웨어정책연구소에서 매년 발행하는 소프트웨어 산업 실태 조사를 보면 2019년에서 2021년 사이에 대기업 기준 SW 비전공자 비율이 약 35%에서 49%로 14% 증가했다고 한다. 주변 동료의 비전공 비율을 체감하는 것뿐만 아니라 수치상으로도 유의미한 변화가 보일 정도로 환경이 많이 바뀌었다.

　하지만 난이도가 높거나 숙련된 경험이 필요한 기술 분야나 IT 비즈니스처럼 다른 분야로 이직(이동)할 때는 여전히 신입 개발자 못지않은 어려운 과정이 기다린다. 신입 개발자는 가능성이나 태도 등을 더 높게 평가하는 반면 경력 개발자에게는 기본 기술 개발 역량뿐 아니라 더 많은 것을 원한다. 해당 분야에서 습득한 노하우나 해당 분야의 비즈니스를 잘 이해하고 커뮤니케이션할 수 있는 능력을 요구하기도 한다.

　안타깝게도 이런 역량은 쉽게 쌓이지 않는다. 그럼에도 원하고 재미있는 것을 추구하는 게 IT 개발자의 숙명이 아닌가? 다른 도메인에서 비전이 보이고 재미가 느껴지면 계획 및 준비를 통해 어렵지만 해낼 수 있다. 이미 많은 사람이 기술이나 IT 비즈니스 분야로 이동했다.

나도 같은 경험(또 하라면 못 할 것 같은)을 했다. 지금부터 경험을 바탕으로 다른 기술 분야인 임베디드embedded 프로그래밍 개발자에서 웹 프런트엔드의 에디터 분야 개발자가 되기까지 이야기를 해보겠다. '라떼는 말이야…'가 될 수도 있지만 말이다.

운명이라고 생각한 임베디드

대학교를 졸업하는 해에는 누구나 취업 문제로 고민을 한다. 나도 예외는 아니었다. 다행히 재학 중이었던 컴퓨터 공학과 교수님들은 취업 준비를 할 수 있도록 소규모 설계 프로젝트의 커리큘럼을 만들어줬다. 덕분에 기술 포트폴리오를 만들 수 있었다.

지금은 웹 기술, 인공지능, 메타버스, 블록체인처럼 다양한 기술과 비즈니스 분야가 산업을 이끈다. 하지만 2000년 중반에는 대기업을 제외하면 제조업 기반의 크고 작은 IT 업체가 대부분이었다. 내가 수행한 프로젝트는 이들이 발주한 것이 대부분이었다. 산학연(산업계와 학계와 연구 분야)을 통해 채용 기회도 충분해 많은 학생이 선호했다. 또 프로젝트를 수행하는 교수님과 선배가 밤을 지새며 리눅스, 유닉스, 임베디드 보드에 프로그래밍하고 디버깅하는 모습이 굉장히 멋있어 보이기도 했다.

설계 프로젝트에서 주제를 선정해야 하는 시기가 됐다. 리눅스 커널 Linux kernel과 하드웨어를 다루는 CD/DVD Write API(쉽게 말해 CD/DVD에 데이터를 구워주는 프로그램에 필요한 시스템 함수였다)라는 오픈소스 프로젝트를 선택했다. 평소 존경하던 교수님이 해당 프로젝트를 지도해 선택에 망설임이 없었다. 당시 프로젝트를 진행하던 동안에는 생소한 오픈소스 개념을 익히고 API도 만들고 있다는 생각에 설렜다. 멋있다고 생각했던 교수님과 선배들처럼 잠 못 이루고 개발했다.

프로젝트를 완료한 후에는 오픈소스가 포함되어 있어(깃허브 같은 것은 없던 시절이다) 누군가 프로젝트 결과를 사용할지도 모른다는 기대감에 가슴이 뛰었다. 이것저것 더하면 어떨까 싶어 추가 개발도 해보고 홍보도 많이 했다. 특히, 정부에서 운영하던 공개SW 포털[1]의 게시판에 게시글로 올리기도 했다. 나름 열정이 넘쳤다. 아쉬웠던 것은 API에서 사용한 기술에 대한 질문을 할 뿐 실제로 사용했다는 피드백을 받지는 못했던 점이다.

하지만 결과물이 나쁘지 않았는지 교내에서 진행한 작은 IT 관련 대회에서 수상했다. 프로젝트 설명 패널을 천으로 만든 것을 포함해 데모 내용이나 발표가 괜찮았던 모양이다. 교수님부터 같이 수업을 들었던 학

---

1   www.oss.kr

생들까지 모두에게 칭찬을 받았다. 얼떨결에 이를 눈여겨본 선배의 추천으로 대학원 임베디드 전공 석사과정을 밟게 됐다.

석사과정은 그리 녹록치 않았다. 주어진 목표나 방식이 명확하지 않고 스스로 결정하고 과정을 만들어내야 했으며 마지막에는 결과를 내놓아야 하는 상황이었다. 임베디드 분야의 매력을 느낄 새도 없이 그 과정에서 고통을 느꼈다. 게다가 임베디드 개발 환경이나 개발 속도는 응용 프로그램보다 배는 느리거나 복잡해 결과를 통한 성취감도 바로 얻지 못했다. 하지만 BSP 코드를 수정하거나 스케줄러로 프로세스 및 스레드를 직접 제어하면서 임베디드 분야의 개발자가 되고자 하는 마음은 그대로였다.

인생 최고의 암흑기, 내비게이션 업체

우여곡절 끝에 대학원을 졸업하고 드디어 취업 시장으로 뛰어들었다. 2000년 중반 일반인에게는 생소한 분야인 전장(전기 및 전자 장비) 분야와 위치 기반 서비스location-based service, LBS가 상당히 매력적으로 다가왔다. 요즘은 자동차 자율주행이나 커넥티드 카 같은 기술이 많이 알려졌지만 당시는 미래 기술로만 치부되던 분야였다.

군대에서 접했던 자동차 기술 관련 잡지와 임베디드 분야를 공부하니 이 기술 분야야말로 돈을 벌고 기여할 수 있을 것이라 확신했다. 상대적으로 일반인에게 많이 알려진 분야가 자동차 내비게이션이었다. '바로 이거다!'라는 생각이 들었다. 무작정 국내에서 가장 큰 내비게이션 업체에 취업했다. 임베디드용 운영체제인 MS WinCE 단말을 기반으로 내비게이션 라우팅(경로 검색) 결과 데이터를 다룬다거나 안내 음성 및 시각 데이터를 정제해 사용자에게 제공하는 업무를 했다. 하드웨어와 커널 디버깅 경험만으로 점철된 임베디드 개발 인생에 생소한 렌더링 엔진을 포함해 메뉴를 구성하는 컴포넌트라는 개발 과제가 내게 주어졌다.

초기에는 UI/UX 코드를 이해하고 개발하는 과정이 수월하지 않아 평가가 좋지 않았고 자괴감도 많이 들었다. 시간이 모든 것을 해결해주긴 했다. 물론 과정은 인생 최대 암흑기였다. 다른 회사로 이직하기 직전에는 일을 잘하는 내비게이션 개발자가 되어 있었다. 코딩을 잘했다고는 안 했다.

내비게이션 단말은 임베디드다. 컴퓨팅 파워가 충분하지 않아 MFC Microsoft Foundation Class 같은 고수준 라이브러리를 그대로 쓸 수 없다. 커스텀 하거나 새롭게 만들어 써야 한다. 버튼, 리스트, 콤보 박스, 체크 박스, 라디오 버튼 등 다양한 기본 컨트롤과 컨트롤 레이아웃을 메모리나 CPU 사용을 최소화할 수 있도록 새로 만들었다. 성능도 튜닝하면서 UI/UX 기본 지식을 갖게 됐다.

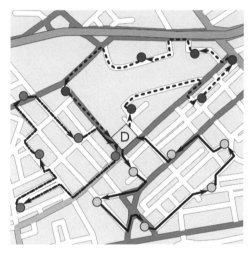

당시 개발했던 내비게이션

입사 1년 정도 됐을 때 안드로이드, 아이폰, 블랙베리 같은 스마트폰으로 분류되는 다양한 모바일 기기가 등장했다. 처음에는 PNDportable navigation device 단말로만 시장 대응을 했는데 스마트폰 보급률이 급격하게 증가하면서 스마트폰을 대상으로 한 내비게이션을 급하게 만들어야 했다.

문제는 수년간 WinCE 기반의 C/C++ 언어로만 최적화된 앱과 각종 엔진을 재사용할 수 있는지 확인하는 것이었다. 자칫 잘못하면 새로 만들어야 했고 적절한 시점에 내놓지 못할 수 있었다.

미들웨어middleware나 공통 언어 기반Common Language Infrastructure, CLI 프로그램을 만들던 시기에는 많이 경험해봤지만 UX가 결합된 상품을 대상으로 플랫폼 간 이식을 하는 것은 처음 하는 경험이었다. 순수 데이터를 가공해 만들어진 자료구조와 그것을 다루는 모듈을 다른 플랫폼으로 이식하는 것은 괜찮았지만 렌더링 엔진과 사용자 UX를 담당하는 메뉴, 입력 등의 모듈은 다시 만들어야 했다. 다양한 각도로 문제를 해결하려고 했지만 결국은 렌더링 엔진이 멀티 플랫폼을 지원할 수 있도록 해야 했다. 메뉴와 사용자 인터랙션은 공통으로 사용할 수 없다고 판단하고 각 플랫폼의 언어와 프레임워크에 맞춰 새로 만드는 결정을 내릴 수밖에 없었다. 게다가 스마트폰 개발 플랫폼 경험이 있는 인력이 부족해 일일이 분석하면서 공통 렌더링 엔진을 만드는 것은 어려웠다. 결국 리서치 과정 중 발견한 SKIA 라이브러리를 검토하기에 이르렀다.

새로운 기술, 새로운 기회

SKIA가 HTML5의 스펙을 하드캐리한 크롬 웹 브라우저에서 사용한 2D 렌더링 엔진 라이브러리라는 것을 알고 오픈소스 생태계에 이만한 라이브러리가 있다는 것에 놀랐다. 이를 계기로 웹 브라우저와 웹 생태계에 관심이 생겼다. 이때 HTML5의 스펙 논의가 활발하게 진행되고 있던 때다. 국내외 수많은 정보를 오프라인 커뮤니티에서 많이 다루다 보니 오프라인 커뮤니티에 참여하기도 했다. 커뮤니티 참여 외에도 비즈니스 로직이 탑재된 몇몇 HTML5 스펙이라는 관심사를 가진 개발자끼리 모여 스터디도 했다. 이때부터 기존 레거시 웹을 바라보는 시야와 달리 다가올 웹의 미래를 생각했다.

HTML5은 스펙이 완료될 때까지 기술적으로 다양한 시도를 했다. 이전 HTML 버전보다 활발하고 폭넓은 스펙이 반영됐다. 그중 웹 브라우저는 대부분 일반인이 다양한 기기에서 사용하기 위해 설치되어 있다는 것에 가장 주목했다(컴퓨터나 모바일을 사면 가장 많이 사용하는 것이 웹 브라우저다). 내비게이션 회사를 지원할 때보다 더 강렬한 재미와 앞으로의 미래가 그려졌다.

회사 이야기로 잠깐 돌아가보겠다. 당시 조직됐던 모바일 대응 팀에서는 밤낮없이 SKIA 라이브러리(그 외 기술 검토도 있긴 했지만)를 안드로이드와 iOS 그리고 WinCE에 포팅하고자 고군분투했다. 옆에서 지켜보면서 상당히 불합리하다고 생각했다. 코어 모듈은 그대로 사용할 수 있었지만 SKIA 라이브러리를 플랫폼에 맞춰 빌드를 다시하고 이식을 위해 추가 작업을 수행해야 했다. 아랫돌 빼서 윗돌 뺀 것과 같은 상황이라고 판단했다. HTML5를 기반으로 기술 개발을 하면 문제를 해결할 수 있다고 생각하고 고민했다.

운영체제별로 웹 브라우저(크롬)는 구글이 포팅하는 것을 이용하고, HTML5 표준에 적합한 렌더링 엔진과 사용자 UX 모듈은 모두 웹 기반으로 재작성해 단말별 포팅 비용을 낮추는 방식이 더 적합하다고 판단했다. 검증하기 위해 작은 파일럿 프로젝트를 진행했고 프로젝트 진행 과정에서 HTML5와 웹 생태계에 대한 기술적 이해도도 높아져 미래에 적용될 영역이 상당히 많다는 기대감에 부풀었다.

파일럿 프로젝트는 SKIA와 캔버스 API가 동일하다는 것에 착안했다. 렌더링 엔진의 코드 중 직접 드로잉하는 부분은 쉽게 코드 이식이 되도록 개발했다. 완성된 후 가까운 팀원과 팀장에게 알리고자 데모를 했지만 안타깝게도 팀에 받아들여지지 않았다. 몇 가지 이유가 있었다.

첫째, WinCE에는 크롬이 포팅되지 않았다. 포팅하는 작업은 기존 모바일 대응 팀이 하는 방식과 크게 다르지 않았다. 둘째, 안드로이드나 iOS에 캔버스 API가 적용되지 않았거나 일부만 적용됐다. 셋째, 캔버스가 생각한 것만큼 렌더링 속도를 보장하지 않았다.

시기상조였다. 현업에서 기술적으로나 개념적으로 기술 개발 완성도 및 성능 측면에서 봤을 때 이용하기에는 일렀다. 하지만 이때 경험으로 기술적인 매력을 느꼈고 그 열망을 멈출 수 없었다. 개인 시간을 쪼개어 웹 생태계의 일원이 되고자 하는 열망을 키웠다. 기술적으로도 많은 준비를 하기 시작했다.

웹 생태계로…

내비게이션 업계에서 일하며 웹 생태계에 몸을 담는 것은 여러 가지 이유로 어렵다고 판단됐다.

당시 내비게이션 주력이었던 PND 단말들은 HTML5를 지원할 가능성이 거의 없었다. HTML5는 구글과 웹 표준 그룹이 강력하게 진행했지만 WinCE는 마이크로소프트의 기술이었다. 사실 비교적 최근(12년 만에)에 서야 마이크로소프트도 인터넷 익스플로러를 버리고 블링크$_{Blink}$ 엔진 기반의 엣지$_{Edge}$ 웹 브라우저로 변경되었으니 말이다.

그리고 오래된 기술 회사일수록 새로운 기술을 받아들이는 데 상당한 에너지가 필요하고 오랜 시간이 걸린다. 특히, 기존 기술에 적응하고 잘 쓰고 있는 구성원을 설득하는 것은 일개 사원으로서 불가능에 가까웠다. 오히려 본업을 등한시하고 일 못 하는 팀원으로 낙인 찍히는 경우도 다반사라 이야기를 시작하는 것도 어려웠다. 이직하는 것이 유일한 해법이라는 생각이 나날이 커져갔다.

이런 상황 속에서 갑자기 이직 기회가 생겼다. 국내 워드프로세서로 유명한 회사에 속한 하이브리드 웹 앱 방식으로 전자책 뷰어를 개발하는 팀에서 구인을 하고 있었다. 당시 하이브리드 웹 앱은 기술적으로 조금씩 회자되긴 했지만 제품에 직접 적용하려는 시도는 매우 적었다. 생태계 자체도 형성이 안 될 시기였다. 네이티브 앱을 주로 만들던 내게는 웹 생태계로 진출할 절호의 기회였다. 다행히 안드로이드 개발자의 폭발

적 수요 대비 공급이 크지 않았다. 자바, C++ 그리고 웹에 대한 기본기
는 갖추고 있었기에 이직에 성공했다.

기기묘묘한 전자책 세계

이직한 이후 가장 먼저 했던 것은 전자책 뷰어를 이해하는 일이었다.
다양한 파일 형식 중 EPUB_{electronic publication}이 가장 중요하다. HTML5 스
펙을 기반으로 만들어진 전자책용 포맷이다.

HTML5의 한 켠에 표준 스펙 링크가 있기도 했다. 해당 포맷을 렌더
링하고자 당시 무수히 많은 회사가 직접 HTML 렌더링 엔진을 만들거
나 기존의 것을 가져다 포팅하는 등 다양한 시도를 했다. 하지만 EPUB
의 표준화 속도 및 확장 속도를 따라갈 수 없었다. 결국 마이크로소프트
에서 제공하는 인터넷 익스플로러의 내부 라이브러리나 모바일의 웹뷰
로 렌더링 결과를 만들어내는 것이 최선이었다. 다만 뷰어는 책 내용 렌
더링 외에도 사용자 UX가 상당히 복잡하다. 당시 웹 기술만으로는 만들
수 없었다. 웹뷰와 더불어 적용할 플랫폼(윈도우, 안드로이드, iOS)의 UI 시스
템과 반드시 연결해야 했다. 중간에 중계_{bridge} 모듈을 두어 사용자 인터
랙션 및 데이터를 처리하게 만들었다.

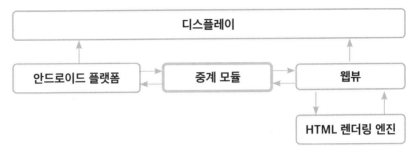

당시 만들었던 뷰어 구조

　요즘은 코도바Cordova나 리액트 네이티브React Native, 플러터Flutter처럼 잘 만들어진 하이브리드 웹 앱을 만들 수 있는 좋은 라이브러리와 플랫폼이 많다. 하지만 그때만 해도 지금은 코도바에 지금은 흡수된 폰갭 PhoneGap 프로젝트 정도가 있을 뿐이었다. 그마저도 초기 개발 단계였기에 할 수 있는 게 거의 없었다. 결국은 팀 내에서 필요한 것을 직접 만들어 사용할 수밖에 없었다. 중계 모듈로 데이터 대상 플랫폼 시스템과 통신하기 위해, 그리고 직렬화 및 역직렬화뿐 아니라 비동기 구조로 인한 wait 상태를 제어하기 위해 내부 특성을 파악해 로직을 구현하는 등 다양한 방법으로 플랫폼화하려고 노력했다.

　중계 모듈로 뷰어 내 콘텐츠를 제어하려고 웹 기술을 이용해 프런트엔드 업무를 협업으로 수행하기 시작했다. CSS를 이용한 스타일링은 물론이고 데이터를 뷰어에 맞게 쪼개거나 보정하고자 DOM 제어도 마치 해커가 된 듯 진행했다. EPUB 내부 표현 스펙이 HTML5를 사용했기 때문에 HTML5 신규 스펙을 기다리거나 찾아내 뷰어에 적용했다. 빠르게

HTML5 생태계를 경험해보는 얼리 어답터가 됐다.

선택 과정 속에서 다양한 문제가 발생했다. HTML을 직접 제어하는 것은 그리 쉬운 일이 아니었다. 웹 브라우저별로 파편화된 동작과 렌더링 스펙의 차이로 다양한 문제를 겪었다. 페이지 분할을 하거나 해상도가 다른 수많은 모바일 단말에 일관성 있는 렌더링 결과를 내는 데 한계가 있었다.

결국 참조할 수 있는 알려진 정보가 없었다. '스택 오버플로가 뭐예요? 먹는 거예요? 우걱우걱' 같은 심정이었다. 웹뷰와 크로미엄Chromium 문서 그리고 웹킷 문서를 참조하고 다양한 케이스 실험을 하며 알려지지 않은 기능까지 찾아내 목표를 달성했다. 목표 달성까지 겪었던 과정은 말로 형언할 수 없을 정도로 어려웠다. 이후 모바일 OS 개발 회사에서 조용히 기능을 없애버리기도 했으니 얼마나 우여곡절을 겪었는지 느껴지는가.

같은 업계 앱 중 퀄리티가 나쁘지 않아 다양한 곳에 적용됐다. 커피를 연상시키는 한 전자책 단말기 디바이스의 앱으로 사용되기도 했다. 하지

만 야속하게도 팀은 다양한 문제로 사업을 접고 팀이 공중분해되고 말
았다. 한순간에 커리어는 물론 업무 자체가 없어졌다. 이렇게 힘들었을
때가 있나 싶을 정도였다. 지금은 웃으면서 이야기하지만 말이다.

노오력의 끝이 이거라니?

절망감이 이루 말할 수 없었다. 웹 프런트엔드 커리어 진출 계획은커
녕 개발 자체를 그만두어야 하나 싶었다. C++ 개발 이력이 있어 자의 반
타의 반으로 C++을 이용한 워드프로세서 개발을 하는 모바일 팀으로
발령이 났다. 영혼 없는 직장 생활을 이어갔다.

우리나라 대표 워드프로세서 파일 포맷(Hxx)을 HTML5 대상으로 렌
더링 변환하는 프로젝트가 주어졌다. 다시 웹 베이스 기술로 커리어를
이어나갈 수 있다고 생각하니 기분이 얼마나 좋았는지 모른다. 데이터를
이용한 변환 방식인 기존 방식으로는 이미 한계가 있었다. 소비자의 근
본적인 요구 사항을 분석하고 해결하고자 UI 모듈을 직접 기존 앱에서
추출해 동일한 렌더링 결과를 얻는 방식으로 개발 방향을 바꿨다. 겁 없
던 시절이다.

전자책 뷰어를 할 때보다 몇 배는 더 깊게 CSS 속성에 대해 파고들었
다. 당시 레이아웃 포맷을 결정하는 모듈을 만들어준 개발자(이하 H 님으
로 통칭)가 있다. 커뮤니케이션하기 위해 조각 프로젝트나 산출물을 다양
하게 만들었고 웹 프런트엔드 업무를 수행하는 밑거름이 됐다. 해당 결

과물을 연구소장님이 눈여겨봤고 웹과 관련된 업무 기회를 다시 얻을 수 있었다.

마침 2016년을 기점으로 국내외로 클라우드 웹 오피스를 만드는 것이 매우 중요한 이슈였다. HTML 베이스의 기존 위지윅 에디터 방식으로는 네이티브 환경에서 제공되던 워드프로세서 UX와 동일 품질의 레이아웃이나 렌더링 결과를 제공하지 못하기에 해결하고자 투입이 결정됐다. 기사회생이었다.

준비된 자에게 기회는 늘 있다?!

사실 이때까지도 웹 언저리에서 맴돌고 있다 보니 커리어를 좀 더 전문적으로 이어가고 싶었다. 회사도 충분히 가치 있는 기술 베이스를 찾고 있었다. 내비게이션 업체에 있을 때부터 고민하던 것이 있다. HTML5 표준에 포함된 캔버스를 이용해 네이티브 프로그램을 웹으로 옮기려는 시도였는데 다양한 방법의 시도를 알게 됐다. 전통적인 레이아웃을 DOM으로 표현하는 것에 대한 복잡성, 비용 등을 회사 업무를 하며 알게 돼 이를 해결할 방식으로 캔버스를 목표 삼아 찾아보기 시작했다.

온리오피스OnlyOffice라는 웹 기반 오피스 서비스를 접했다. 마이크로소프트 워드 호환 웹 오피스였다. 웹에서 네이티브 워드의 사용성을 거의 그대로 유지하고 있다는 특징이 있었다. 아직 텍스트 입력이나 몇몇 웹 기반의 제약은 있었지만 기본적인 기능은 문제 없이 사용할 수 있어 충

격을 받았다. 동 시간대 마이크로소프트의 웹 오피스와 구글 독스_{Google}

_{Docs}도 마이크로소프트 워드 포맷을 그 정도까지 지원하지 않을 때였다.

천천히 분석하니 그동안 준비했던 캔버스를 이용한 렌더링 기술을 온리오피스도 이용하고 있었다. 웹의 전통적인 위지윅 에디터에 필요한 기술을 그대로 에뮬레이션_{emulation}해 사용할 수 있도록 구성한 것이라고 생각했다. 이후 주변에 관련 기술을 소개하고 기술 동향을 공유했다. 프로토타이핑을 진행하고 데모하면서 가능성을 설득했다. 내비게이션 업체를 다니던 때와 달랐다. 이미 회사에서 웹 분야에 대한 개발 능력을 어느 정도 인정받았고 이전보다 더 떳떳(뻔뻔)해졌기 때문이었다.

어느덧 시간이 흘렀다. 기존 기술로 한계가 명확하다는 것이 확정되는 순간이 왔다. 그동안 기획했던 내용과 작은 데모를 근거 삼아 개발자 롤을 넘어 프로모션을 받기 위해 전사에 이해관계 있는 분들을 찾아다녔다. 그리고 국내 워드프로세서 프로그램의 현대식 아키텍처를 잡은 개발자 H 님과 의기투합해 회사의 대표 워드프로세서의 웹 버전을 만들기 시작했다. 영광이었다.

사실 중간 데모 직전까지는 친분 때문에 응원해주는 사람이 대부분이었다. 중간 데모를 본 이후에는 회사에서 프로젝트를 보는 태도가 180도 바뀌었다. 두 명으로 시작한 프로젝트가 어느덧 여덟 명의 팀으로 그리고 열 명이 넘는 다른 팀의 지원으로 진행됐다. 돌이켜보면 가장 힘든 시기였지만 개발 인생 중 가장 빛났던 시기이기도 했다.

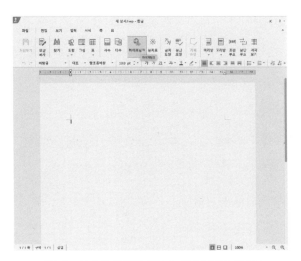

개발자 H 님과 의기투합해 만들기 시작한 워드프로세서

　개발 과정은 순탄치 않았다. 도입한 기술은 기술 컨버전스에 가까워 레퍼런스가 충분하지 않았다. 윈도우 네이티브 개발을 주로 하던 분들(하지만 해당 분야 전문가인)과 웹 개발을 같이 하다 보니 웹 기술을 바탕으로 한 설계나 업무 진행 등 다양한 부분에서 진행이 느렸다.

　다행인 점은 워드프로세서(에디터)의 렌더링 기술을 포함한 비즈니스 도메인 기술은 빠삭하게 알고 있어 적절한 웹 기술을 지원만 해주면 프로젝트 진행에 큰 어려움이 없다는 것이었다. 에디터 기술 도메인과 웹 기술 도메인을 컨버전스해 다음 개발을 이어가는 것은 엄청난 노력이 필요했다. 웹 개발을 하는지 기술 R&D를 하는지 모를 지경에 이르렀다. 지치기도 많이 지쳤다. 다시 웹 프런트엔드 개발자에서 멀어지는 것은 아닌가 상당히 많은 고민을 했다.

프런트엔드 개발자로 성장 중

HTML5 관련 기술적 미래와 해당 프로젝트의 가치 그리고 회사의 방향성을 모두 증명했다고 생각했다. 그러나 여전히 프런트엔드 개발자 길을 걷고 있다고는 생각되지 않았다. 해당 프로젝트는 사내에서도 외부에서도 성공적인 비지니스 형태였지만 기술적으로는 웹 기반일뿐 응용 앱으로만 인식됐다. 바로 웹 기반 클라우드 서비스를 추진했지만 웹을 주력으로 하는 회사가 아니었기에 연구소 차원에서 바로 진행하기에는 무리가 있는 계획이었다. 다행히 지금은 이직한 후 클라우드 기반으로 서비스됐고 네이버 개인 클라우드 스토리지 서비스에도 연결되어 있다.

2019년 프로젝트가 마무리됐다. 프런트엔드 개발자 커리어를 이어가기에는 부족하다는 생각이 떠나지를 않았다. 대규모 사용자를 대상으로 서비스하는 곳에서 그동안 익힌 프런트엔드 기술을 적용하고픈 열망이 컸다. 나는 다시 더 강력한 웹 생태계에 몸담고 싶어졌다.

결국 국내 대형 포털 사이트인 네이버로 이직했다. 위지윅 기반 에디터를 만드는 팀으로 소속됐다. 대규모 사용자를 대상으로 하는 웹 기반 에디터 개발 및 모듈 개발을 수행했다. 국내에서도 손꼽는 프런트엔드 전문 조직 하위 팀이었다. 이전 회사보다 더 전문적인 동료 프런트엔드 개발자와 함께 일하게 됐다. 무엇보다 다양한 웹 기술을 접하고 공부할 수 있는 환경이 됐다. 특히 그동안 몸담았던 에디터 비즈니스 도메인을 그대로 유지하면서 기술 도메인을 크게 이동했다.

나는 지금도 계속해서 프런트엔드 개발자로 성장하고 있다. 프런트엔드 개발자라는 타이틀에 닿기까지 약 8년이 걸렸다. 일곱 개 팀을 거쳐 다섯 개의 서로 다른 프로젝트를 수행했다. 드디어 프런트엔드 개발자를 명함에 넣을 수 있게 되었지만, 여정의 끝은 아니다. 프런트엔드 분야는 단순히 에디터 하나, 사이트 페이지 하나를 만들던 과거와 달리 더 많은 분야와 결합해 앞으로도 성장할 것이다. 그곳에는 프런트엔드 개발자의 또 다른 역할이 있을 것이라 확신한다. 또 다른 분야의 프런트엔드 개발자로서 즐겁고 재미있는 일을 하고자 계속해 노력할 것이다.

웹과 내 과거와 미래

돌이켜보면 단순히 개인 능력과 계획, 노력만으로 커리어를 달성했다고 말할 수는 없다. IT의 성장이 굉장했고 그중에서도 웹이 상당히 많은 비중을 차지한다. 게다가 그 외 기술도 웹 기반 IT 기술과 밀접한 관계를 형성하고 있다. 결국 웹 기술의 호황에서 비롯된 부분도 상당하다.

웹 기술은 지금까지도 그랬지만 앞으로도 더 크게 성장할 것이있다. 미디어 분야의 판도가 그 이유 중 하나다. 사용자가 소비하는 대부분 콘텐츠의 유통 경로나 기술이 웹 기술을 사용한다. 그 외 미디어 파생 기술도 웹 기술과 결합하거나 웹 기술을 끌어와 사용한다. 그중에서도 웹 3.0은 지금까지의 블록체인 기술이 웹 기술과 강한 결합을 해야 한다는 필요성을 보여준 사례다.

이 밖에도 웹 기술은 전통적인 웹 영역을 넘는 시도를 많이 한다. WebRTC가 대표적이다. 대중에 그리 친숙한 기술은 아니지만 대부분 영상 통화 앱에서 베이스 기술로 사용한다. 또한, 웹 기반 P2P 서비스에서 다양하게 활용되고 있다. 동영상 스트리밍 서비스에서도 서버 쪽 트래픽 비용을 줄일 수 있어 많이 적용 중이다. 초기에는 음성 인터넷 프로토콜 Voice over Internet Protocol, VoIP의 웹 플러그인 기술 정도로 치부됐지만 메인 인프라 기술로 대우받기 시작한 것이다.

지금까지 HTML, 자바스크립트, CSS, 타입스크립트가 웹 프런트엔드를 상징하는 언어였다. 이제는 웹어셈블리WebAssembly API를 사용해 다른 언어로 개발된 모듈을 적용할 수 있는 기술을 제공한다. 샌드박스 형태로 초기 자바 가상 머신Java virtual machine, JVM과 비슷한 형태의 아키텍트를 가지다 보니 최근에는 백엔드 분야로도 많이 확장 중이다.

빼먹으면 안 되는 것 중 하나가 또 있다. 그동안 원 소스 멀티 플랫폼 전략에 상당히 많은 노력을 했지만 성공한 적이 없었다. 하지만 플러터나 리액트 네이티브를 필두로 유효한 하이브리드 웹 앱을 통해 멀티 플랫폼 프로덕트들이 쏟아지고 있다. 더불어 JS 엔진을 별도로 분리해 런타임 환경으로서 웹 기술을 결합하는 사례도 많아 주목할 만하다.

이미 많은 특이점이 생긴 웹 프런트엔드다. 여전히 더 많은 기회와 시도, 변화가 있을 것이다. 더 많은 이가 좀 더 관심을 갖고 나와 같은 길을 걸어갈 수 있으면 한다. 언젠가 동료로서 만나기를 바란다.

글로벌 오픈소스 프런트엔드 개발자로 성장하기

박재성

수많은 오픈소스에서 받은 혜택을 다른 개발자들에게 돌려줘야 한다는 믿음과 철학을 가진 개발자. 두 권의 저서, JavaScript 동향 시리즈, 콘퍼런스 발표, 그리고 오픈소스 웹 차트 라이브러리 billboard.js를 통해 이를 실천하기 위해 노력 중이다.

어렸을 때 컴퓨터를 많이 접했다. 하지만 특별히 개발자를 꿈꾸지는 않았다. 단지 게임이 목적이었다. 더 원활하게 게임을 하고자 컴퓨터 부품을 업그레이드했다. 새로운 기기가 등장하면 오로지 게임 때문에 관심을 가졌다. 주위에서도 컴퓨터를 살 때면 당연히 나에게 질문했다. 때로는 좋은 사양으로 컴퓨터를 조립해줄 것을 요청하기도 했다. 경험이 쌓이면서 막연하게 컴퓨터 관련 직업을 가지면 좋겠다는 생각을 했다. 이 생각은 계속 돼 대학교 전공도 컴퓨터 공학을 선택하게 만들었다.

1990년대 당시는 PC 통신 서비스가 활발했던 시절이었다. 나도 흐름에 맞춰 학교에서 배운 것을 적용해보거나 인터넷을 사용했다. 그리고 유행에 맞춰 개인 홈페이지를 만들어보기도 했다. 아주 단순한 HTML 태그로 구성된 레이아웃이었다. 홈페이지를 만들면서 태그들을 익히고 적용해보는 것이 재밌었다. 프런트엔드 개발자로서의 첫발이었다.

백엔드 개발자, 프런트엔드 개발에 매력을 느끼다

대학교를 졸업한 후 한동안 방황 아닌 방황을 하다 스타트업에서 일하게 됐다. 사회생활의 시작이었다. 2000년 후반에는 지금처럼 프런트엔드 직무에 대한 인식이 낮았다. 웹 개발자란 백엔드와 프런트엔드 모두를 담당하는 것이 일반적이었다.

스타트업에서 2년 반 정도 일했다. 커리어 성장에 한계를 느꼈다. 여러 번 시도한 끝에 국내 포털 중 인기 있는 SNS와 메신저를 운영하던 S사로 이직했다. 현재도 많이 사용하는 게시판 형태의 커뮤니티 서비스를 개발하는 팀에서 일했다. 당시는 지금과 같은 클라우드 환경이 없었다. 주로 자체 서버로 서비스를 배포했고 배포에 따른 변경 사항이 이슈가

없는지 모니터링했다. 스트레스를 많이 받았다.

어느 날부터인가 베스트 게시물을 읽으려고 가면 다른 사이트로 리다이렉트된다는 문의가 증가했다. 누군가가 교묘하게 댓글을 써 다른 사이트로 리다이렉트되는 사이트 간 스크립팅cross-site scripting, XSS을 심어놓은 것이었다. 이때부터 수개월간 매일 공격과 대응이 반복됐다. 공격 패턴을 분석하고 필터링하는 방지 코드를 서버에 배포하면 바로 그날 저녁에 새로운 패턴으로 공격을 해왔다.

매일 퇴근 후에도 집에서 방어 코드가 뚫리지는 않는지, 새로운 공격 패턴을 사용했는지 확인했다. 일상이었다. 언젠가부터 이런 반복적인 대응은 불필요하다는 생각이 들었다. 작성자 정보를 통해 누구인지 신원을 특정하는 나름의 조사를 하기 시작했다.

조사를 하던 중 한 글을 찾았다. 자동차 카페에 올라온 중고 거래 글에 구입 의사를 밝힌 댓글이었다. 신원을 파악할 만한 정보였다. 회사에 관련 정보를 전달했다. 대학생이었다. 자신에게 리워드가 지급되는 추천인 정보가 포함된 링크를 인기 글에 심어놓으면 자신에게 리워드가 지급되는 방식으로 용돈을 벌었다고 한다. 회사 법무팀에서는 '경고' 수준으로 마무리를 지었다.

이때부터였다. 점점 배포 모니터링과 서비스 모니터링에서 굉장히 많은 스트레스를 받았고 지쳐갔다. 나아가 백엔드 영역에는 뛰어난 개발자가 많아 과연 내가 다른 경쟁자보다 얼마나 뛰어난지를 생각했다. 커리어 측면에서도 변화가 필요한 시점이었다.

마침 서비스의 당면한 주요 과제 중 하나가 서비스 성능 개선이었다. 백엔드 영역의 최적화와 프런트엔드 최적화를 함께 진행해야 하는 것이었다. 서비스 최적화를 위해 자료를 찾아보다가 야후!의 프런트엔드 개발팀 소속이던 스티브 소더스Steve Souders의 글을 보게 됐다. '웹사이트를 빠르게 로딩하기 위한 14가지 룰14 Rules for Faster-Loading Web Site'[1]이었다. 충격받았다. 당시 성능 측정이란 단순히 페이지의 온로드on load 이벤트로 페이지 로딩이 끝난 시점을 측정하는 지표만이 절대적으로 활용됐다. 이 방법을 별 다른 의심 없이 받아들였다. 페이지 내 다양한 요소의 연관 관계, 불필요한 HTTP 요청을 줄이기 위한 프랙티스practice 등으로 성능을 최적화하는 방법은 아주 새롭고 신선하게 다가왔다.[2]

관련 내용을 좀 더 자세히 알아봤고, 팀원들에게도 알리고자 내부 세미나 등을 진행하기도 했다. 본격적으로 프런트엔드 영역이 궁금해지기 시작했다.

네이버로 이직하다

2000년 후반은 브라우저 개발자 도구가 딱히 없었다. 주로 디버깅은

---

1   stevesouders.com/examples/rules.php
2   이때의 경험은 《자바스크립트 성능 이야기》(위키북스, 2012) 출간으로 이어졌다.

alert()로 메세지를 확인하는 형태였다. 오늘날의 웹 앱처럼 아주 복잡하지 않기도 했지만 그 외에 활용할 도구가 있었던 것도 아니었다. 파이어폭스에서 파이어버그Firebug라는 개발자 도구가 확장 기능 형식으로 막 등장했던 시기였다.

alert()는 알림창이 뜨는 순간 '확인' 버튼을 누르기 전까지 작업은 멈춘다. 또한, 특정 라인의 값을 확인하는 데 여러 개의 alert()을 사용한다. 한 페이지가 로딩되면서 여러 개의 alert 창이 뜨고 일일이 '확인'을 누르는 것은 아주 귀찮은 일이었다. 좀 더 편리하게 로깅을 하고자 페이지에 동적으로 로깅 창을 만들고 alert() 함수를 덮어썼다. 동적으로 생성한 로깅 창으로 로깅되도록 했고 모든 웹 페이지에서 즉시 실행하고 사용할 수 있도록 bookmarklet 형태로 만들었다.

그때였다. 같은 팀에서 근무했던 동료가 네이버로 이직한 후 이직 생각이 있는지 물었다. UI만 전문적으로 개발하는 조직이라고 했다. 프런트엔드에 관심은 있었지만 전향까지 할 마음은 없었다. 2000년 후반에는 프런트엔드 영역이 전문성 있는 영역으로 인식되지 않았고 개발자 사이에서도 백엔드보다 낮은 수준으로 인식하는 경향이 있었기 때문이다.

하지만 현재 팀에서 일련의 어려운 상황을 겪고 있었고 프런트엔드에 흥미가 없는 것은 아니었기에 일단 이직해보자고 생각했다. 업무가 마음에 들지 않으면 6개월 후 백엔드 개발 조직으로 이동하면 되지 않을까 싶었다.

당시 네이버 환경은 국내에서 보기 드물게 프런트엔드만 다루는 개발자들이 있었다. 누구도 시도하지 않았던 새로운 시도를 하고 있다는 점에서 활기가 가득했다. 과거에는 불가능하다고 생각했던 많은 기능이 브라우저에서 구현됐고 점점 그 작업에 매료되기 시작했다.

얼떨결에 시작된 오픈소스 프로젝트

다른 조직에서 새롭게 진행하는 프로젝트에서 프런트엔드 개발 지원이 요청됐다. 해당 작업이 내게 주어졌다. 사용자들의 다양한 지표를 보여주는 통계 기능을 새롭게 구성하는 것이 목표였다. 통계 기능에서 주로 구현해야 하는 부분은 다양한 차트를 구성해 보여주는 것이었다.

사실 그 전까지는 웹에서 차트를 사용해본 적이 별로 없었다. 경험했던 분야가 아니라 걱정이 컸다. 데이터 시각화에 대한 관심도 없었다. 처음에는 왜 나한테 이 일을 맡겼는지 불만을 갖기도 했다. 회사 업무라는 것이 항상 내가 관심 있고 재미있는 일만 할 수 없지 않은가. 새로운 분야를 경험하는 것도 나쁘지 않을 것이라 스스로를 다독이며 업무에 전념했다.

당연히 차트를 보여주기 위한 라이브러리를 만드는 것은 불가능한 상태였다. 당시 사용하기 적합한 다양한 오픈소스 라이브러리들을 찾아보는 것부터 시작했다. 일단 가장 염두에 뒀던 점은 많은 사용자를 보유하고 있어야 했지만 향후 메인터넌스maintenance가 꾸준히 이루어질 수 있는지, 구현하고자 하는 기능을 실제로 구현할 수 있는지, 디자인적 커스터

마이징의 유연성 등이 주요 검토 사항들이었다.

다양한 검토 끝에 SVG 기반, 그리고 생태계에서 사실상 표준 라이브러리로 사용되던 D3.js를 기반으로 하는 라이브러리를 찾는 것으로 결정했다. 최종적으로 선택했던 라이브러리는 C3.js였다. 사내에서의 사용 레퍼런스도 다수 있었고 당시 필요했던 조건에 잘 부합했다.

하지만 다양한 UX/UI 요구 사항을 처리하면서 기본적으로 제공되는 옵션과 기능만으로는 한계가 있음을 깨달았다. 개발이 어느 정도 진전된 상황이었기에 다른 대안을 찾는 것은 어려웠다. 고민 끝에 C3.js를 래핑하는 라이브러리를 만들어 제공되지 않는 기능을 구현했다.

한계에 부딪힌 프로젝트

시간이 흘러 프로젝트는 성공적(?)으로 마무리가 되고 있었다. 그러나 C3.js 프로젝트는 전혀 그렇지 못했다. 프로젝트에 새로운 커밋이 꽤 오랜 시간 발생하지 않았고 의존성을 갖고 있던 D3.js의 최신 메이저 업데이트도 지원하지 못하고 있었다. C3.js를 사용한 통계 프로젝트를 출시하는 것이 1차 목표였지만 데이터 시각화를 담당하는 C3.js의 메인터넌스가 잘 이루어지지 않는다면 통계 프로젝트에도 큰 영향을 미칠 수밖에 없다는 점은 자명했다.

당시 회사 내에서는 사내에서 개발된 다양한 프로젝트를 오픈소스 프로젝트로 공개하는 것이 장려되고 있었다. 처음에는 C3.js를 래핑한 프로젝트를 공개하고자 했다. 그러나 C3.js 프로젝트가 지속성될지 불투명한 상태에서 래퍼 수준의 라이브러리 공개는 불확실했다. 기존 통계 프로젝트의 지속성을 위해서도 래퍼 라이브러리는 해답이 아니었다.

먼저 C3.js에 커미터로 합류해 간극을 메우려고 시도했다. C3.js 개발자에게 커미터 합류를 문의했다. C3.js 깃허브 저장소에는 많은 사용자의 질문이나 버그 리포팅이 있었지만 해결되지 않고 있었다. 메일의 회신 여부와는 상관없이 가능한 이슈는 직접 답변을 달거나 해결 방법을 제시해주는 활동을 시작했다. 커미터로 합류하려면 당연히 프로젝트 오너의 승인이 있어야 하지만 갑자기 합류를 요청하면 받아줄 리 없기 때문이다. 또한, C3.js 커뮤니티 내에서도 영향력을 행사하려면 어느 정도 활동하면서 존재감을 알려야 했다.

몇 주가 흘렀다. 메일 회신이 오지 않은 것은 물론 프로젝트에서도 별다른 활동이 일어나지 않았다. 계속 기다리는 것은 무의미했다. 더 공개적으로 문의할 필요성을 느꼈다.

이슈를 통해 프로젝트 지속에 대한 문의를 했다.[3] 다음 날 커미터 중한 명에게서 답변이 왔고, 이 답변이 어떤 결정을 내려야 하는지 확실하게 해줬다. C3.js를 포크_fork_해 새로운 라이브러리를 만들기로 결심했다.

---

3   github.com/c3js/c3/issues/1965

aendrew (Ændrew Rininsland) on 17 Feb • edited

Owner

Hi @netil,

To answer the implicit question in the issue title — yep, pretty much.

I quite agree there needs to be more maintainers, I know personally I'm way too busy to be able to adequately maintain anything C3-related and I haven't heard much from @masayuki0812 for months. There are a few folks reviewing the PR and issue backlogs, but those seem to have fallen off lately, and I (foolishly, I suppose in respect) have asked them not to merge anything without oversight from a senior maintainer.

netil on 17 Feb • edited

Original Poster

Thanks @aendrew for your sincere answer and I'm totally understand the current status you shared.

But, seems that there's no many alternatives now.

- Seeking some volunteer maintainers
- Or if @masayuki0812 clarify not to maintain, will be more easier to take other decision. (fork and start new project or find someone to take over the project)

If needs some helps I can give a hand, but if the project discontinues probably I'll take a decision to fork and starting new project.

커미터 중 한 명의 답변

당시 C3.js는 해결되지 않은 과제가 많았다. D3 최신 버전 v4+ 미지원, 모바일 환경에 대한 부족한 지원, 오래된 개발 스타일 코드(ES3), SVG 폴리필 제거 등 너무 많았다.

새로운 프로젝트명은 무엇으로 할지 고민했다. '차트'라는 단어에 주목했다. 차트는 데이터 시각화를 위한 의미도 있지만 각종 순위를 표현하기도 한다. 세계적으로 가장 유명한 빌보드Billboard 차트는 별다른 설명이 없어도 누구나 안다. 빌보드라는 단어를 말하면 자동적으로 음악 순위 차트를 떠올릴 것이라 생각했다. 의미적으로는 다르지만 '차트'를 떠올리지 않을까 해 'billboard.js'라고 이름 지었다.

네 명의 개발자를 모았다. 래퍼를 통해 구현했던 기능과 C3.js의 미해결 과제를 해결했다. 가장 먼저 해결해야 했던 과제는 당시 D3.js의 메이저 업데이트였던 v4의 지원이었다. 당시는 v3만 지원했다. v4는 많은 변화가 있어 간단히 해결할 수 없는 수많은 문제가 산재해 있었다. 변경된 모듈의 목록을 모두 만들고 기존과 어떻게 달라졌는지 비교했다. 문서를 읽고 비교하면서 테스트를 진행했다.

또 다른 한 가지 과제는 ES3에 머물러 있던 코드를 ES6로 전환하는 것이었다. 이는 단순히 코드를 최신 문법으로 전환하는 것에 끝나지 않는다. 관련된 빌드와 번들링 부분까지 새롭게 작성해야 했다. 이 밖에도 API 문서 빌드를 위해 JSDoc 기반의 코멘트를 다는 작업 등을 포함해 많은 작업을 수행해야 했다.

드디어 대다수의 문제를 해결했다. 끝이 보이기 시작했다. 3주 뒤면 정식으로 공개를 진행할 수 있을 것으로 보였다. 하지만 갑작스럽게 C3.js 프로젝트에 이슈 하나가 새롭게 등록됐다.

프로젝트 오너는 C3.js의 차기 릴리스 계획과 새로운 커미터를 추가한다는 내용을 공지했다. 우리는 이미 많은 진전을 이뤄냈고 곧 릴리스를 앞두고 있었다. 그다지 좋은 소식은 아니었다.

프로젝트 오너의 계획만으로 발전이 될까 의문이 들었다. 게다가 커미터가 추가된 이후에도 활발한 활동이 이루어지지 않았다. 우리가 작업한 경험에 기반해 봤을 때 C3.js의 가장 큰 해결 과제였던 D3.js의 메이저 업데이트를 빠른 시간 내 지원할 수 없을 것이란 판단도 함께 들었다.

많은 고민 끝에 계획대로 릴리스를 진행하기로 했다.

2017년 6월 8일, billboard.js를 공개했다.

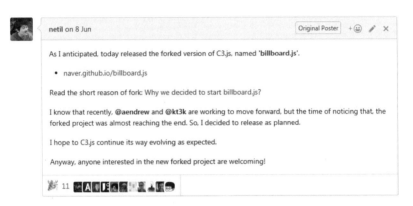

As I anticipated, today released the forked version of C3.js, named 'billboard.js'.

- naver.github.io/billboard.js

Read the short reason of fork: Why we decided to start billboard.js?

I know that recently, @aendrew and @kt3k are working to move forward, but the time of noticing that, the forked project was almost reaching the end. So, I decided to release as planned.

I hope to C3.js continue its way evolving as expected.

Anyway, anyone interested in the new forked project are welcoming!

billboard.js 공개를 알리는 글

공개한 주에 유명한 기술 메일링 서비스인 'JavaScript Weekly'에 릴리스 소식이 소개되기도 했다.[4]

6일 동안 깃허브 스타 수 700개, 14일간 총 1천 개를 기록했다. 처음 받아보는 관심에 얼떨떨함과 동시에 오픈소스 메인테이너로서의 책임감이 커졌다.

---

4   javascriptweekly.com/issues/338

사용자가 알아서 오진 않는다

오픈소스 프로젝트를 처음 시작하고 이 정도의 사용자와 관심을 끄는 것은 엄청난 운이 따른 것이었다. 개발자 전체 커리어를 두고 봤을 때 누구나 경험할 수 있는 것이 아니었다.

그러나 어느 정도 알려졌다고 사용자가 알아서 프로젝트를 사용하지는 않는다. 꾸준하고 지속적인 릴리스를 해야 한다. 새로운 기능을 구현하고 발견된 버그를 수정해야 하며 사용자의 질문과 의견에 답변도 해줘야 한다. 그뿐만이 아니다. 생태계 변화에 따른 지원도 필요하다.

어떤 오픈소스를 사용할 것인지 선택할 때 가장 중요하게 고려하는 요소가 무엇인지 마음속에 떠올려보자. 무엇이라 답하겠는가? 프로젝트의 스타 수, 프로젝트의 활동성(커밋이나 PR이 지속적으로 발생하는지, 최근 릴리스 시점 등), 다운로드 수, 충분한 문서나 예제가 제공되는지 등을 살펴볼 것이다.

메인테이너는 그것들을 수행해내야 하는 입장이다. 커밋이 몇 개월에 한 번만 발생하거나 릴리스가 1년에 한 번 정도라면 선뜻 사용하려고 하지 않을 것이다. 어떻게 보면 오픈소스 프로젝트가 살아 있음을 꾸준히 '증명'해야 하는 것이기도 하다. 그렇기에 기회가 있을 때마다 다른 이에게 오픈소스 프로젝트는 시작하는 것이 중요한 것이 아니라 시작은 단순히 '시작'일 뿐이며 이후가 훨씬 더 중요하다는 이야기를 한다.

billboard.js는 3개월마다 정기 릴리스를 진행하고 가급적 매일 커밋을 하려고 노력한다. 릴리스(마이너와 메이저의 경우)될 때마다 어떤 변화가 있었는지 상세히 소개하는 글을 작성한다. 기능적인 안정성도 아주 중요한 요소 중 하나다. 소프트웨어가 안정적으로 동작하지 않는다는 것은 상상할 수도 없는 일이다. 모든 커밋에는 테스트 코드를 수반해야 한다는 간단한 원칙을 수립하고 따르려고 노력한다. 처음 포크했을 때 테스트 커버리지는 약 70% 정도에 머물렀다. 이를 조금씩 늘리고자 테스트 코드를 새롭게 추가해 90%까지 끌어올렸다. 현재는 1300여 개의 테스트가 커밋 또는 PR마다 수행돼 코드의 변경이 기존 기능에 영향을 미치지 않는지 검사한다.

이런 작업들이 각각 얼마만큼 효율적인지는 알 수 없다. 다만 하지 않는 것보다는 당연히 도움이 될 것이고 그것들이 모여 사용자들이 신뢰할 수 있는 지점을 만들 수 있다고 믿는다.

C3.js는 새로운 커미터가 합류한 후 어느 정도 메인터넌스가 이뤄졌다. 그렇지만 커밋의 빈도 수나 릴리스의 규모 등은 그리 크지 않았다. 지속적인 커밋과 유지되고 있다는 것을 보여주기 위한 정도의 커밋만 있었다.

C3.js와 billboard.js를 비교했을 때 기술적으로나 기능적인 면에서 billboard.js가 우위에 있었다. 그러나 기존 사용자가 이동해 온다고 느껴지지는 않았다. 사용자를 이동시키는 것이 목적은 아니었다. 유사한 프로젝트에 노력을 기울이는 것은 여러모로 낭비라고 생각됐다. 그중 더 나은 프로젝트에 개발을 집중시키는 것이 더 낫다고 생각했다.

결국 더욱 힘을 얻으려면 많은 실사용자를 확보하는 게 필요했다. C3.js 프로젝트와의 통합을 이끌어내는 것이 필요했다. 그냥 봐도 C3.js

는 제대로 관리되지 않는 것이 보였다. 어느 시점부터 커밋도 수개월에 한 번 이뤄졌다.

몇몇 사용자가 프로젝트의 상태에 대한 우려를 표명하는 이슈를 등록했다. 통합을 제안할 시점에 다다랐다고 판단했다. 공개적으로 이에 대한 제안을 하기로 마음먹고 오픈레터를 등록했다.[5]

답변이 약 한 달 후에 등록됐다. 최초로 프로젝트를 시작했던 메인테이너와 직접 상의를 하겠다는 내용이었다.

kt3k commented on 16 Feb 2021   Member ⋯

@netil Hmm.. thank you for your message. I have to admit billboard is better maintained and developed lately, and it still keeps the sprit of c3 very well. Thank your for your effort on this.

I'm going to talk with @masayuki0812 in person about whether we can do anything about your suggestion. Thank you for your suggestion anyway.

C3.js 주요 프로젝트 멤버인 Yoshiya의 답글

그러나 그 후로 답변은 등록되지 않았다. 1년이 훌쩍 흘렀다. C3.js 프로젝트도 더 이상 어떤 작업도 이뤄지지 않았다. 그러다 '사용자의 질문에 프로젝트가 중단됐고 billboard.js 사용을 고려해보라'는 답변이 등록됐다.

---

5   github.com/c3js/c3/issues/2831

kt3k commented on 18 May · Member · ···

We currently stop maintaining the repo. Please consider using billboard.js https://github.com/naver/billboard.js which has almost the same API and maintained better

프로젝트 중단 코멘트

처음 프로젝트를 포크할 때의 당위성이 입증되는 순간이었다. 더 나은 프로젝트를 만들고 이를 사용자에게 제공한다는 것이 말이다. 아쉽게도 함께 참여해 개발하는 형태가 되지는 못했지만 최소한 billboard.js 프로젝트로 사용자를 단일화시킬 수 있는 상황이 갖춰지는 것에 만족했다.

2023년 3월 기준으로 약 6년의 메인터넌스를 통해 깃허브 스타 수는 5.5 K가 되었고, 월간 7만 건의 다운로드가 발생하는 라이브러리로 성장했다. 물론 차트 카테고리 내 1위와는 격차가 크지만 글로벌하게 사용되는 차트 중 하나라는 사실에 큰 자부심이 있다.

오픈소스 메인테이너의 하루

나의 하루는 프로젝트 저장소를 방문하는 것으로 시작된다. 간밤 동안 새롭게 등록된 이슈가 있는지 확인하고 이슈에 따라 레이블을 설정한다. 단순 질문이라고 판단되면 fiddle류(JSFiddle 같은) 서비스로 해결된 예제를 만들고 코멘트로 답변을 하기도 한다. 이슈 중 버그라고 판단되면 가급적 빠른 시일 내 해결한다. 신규 기능 요청 등은 차기 릴리스에 포함하는 것을 고려한다.

아주 단순한 변경 등을 제외한 모든 커밋은 반드시 테스트 코드를 작성한다. 단순히 코드 테스트만이 아니라 master 브랜치branch에 머지merge되기까지 일련의 품질을 유지하는 데 필요한 다양한 품질 활동quality practice, QP이 적용된다. 모든 코드는 master에 머지되기 위해 regession 테스트가 수행된다. 이때 새롭게 변경된 코드가 기존 기능에 영향을 끼치지 않는지 판별한다. 이 과정은 상당히 반복적이고 지루하면서 때로는 테스트 케이스 실패를 해결하는 데 많은 시간을 사용하기도 한다.

오픈소스 프로젝트는 마치 한 개의 상업적 소프트웨어를 운영하는 것과 같다. 지속적으로 새로운 기능이 구현돼야 한다. 발견된 버그는 꾸준히 패치돼야 하고 사용자의 질문을 해결해줘야 한다. 당연히 소프트웨어의 안정성과 성능은 신뢰할 수 있도록 제공되어야 한다.

생태계의 커다란 변화도 뒤처지지 않고 적응해야 한다. 프로젝트가 사용되는 환경은 다르다. 어떤 곳은 인터넷 익스플로러에서 동작해야 하기도 하고 어떤 곳은 최신 문법과 도구의 지원이 필요하기도 한다. 당연히 많은 사용자의 필요성을 최대한 지원해줘야 하지만 현실적으로 모든 상황에 대응하는 것은 불가능하다. 이 경우는 가능한 방법을 문서 형식으로 프로젝트의 위키에 정리해놓기도 한다.

오픈소스 메인테이너는 근사한 하루를 보낼 것이라고 기대했다면 미안하다. 일반적인 개발자의 하루와 크게 다르지 않다. 그렇다면 오픈소스를 하는 것은 어떤 의미가 있을까?

온라인에서 주니어 개발자 또는 많은 개발자의 오픈소스에 대한 생각을 엿볼 수 있다. 대다수는 자신의 성장을 위해, 그리고 이직에 도움을 주는 활동으로 생각한다. 항상 기회가 있을 때마다 콘퍼런스나 기술 블로그 등에서 오픈소스에 참여할 것을 권하는데 그때마다 항상 하는 이야기가 있다.

"오늘날 SW를 개발하려면 오픈소스 프로젝트를 활용하지 않을 수 없습니다. 여러분들이 개발자로서 일하기 시작했을 때부터 마지막까지 오픈소스 없이는 무언가를 만들어낼 수 없습니다."

오픈소스는 누군가의 시간과 노력으로 만들어졌다. 대부분 그 시간과 노력을 아무런 대가를 지불하지 않고 사용한다. 누군가 비용을 지불하지 않으면 좋은 오픈소스가 등장할 수 없다.

과거에는 나도 오픈소스를 특별히 생각해본 적이 없다. 재미로 만들었거나 기술력을 과시하는 것 정도로만 바라봤다. 그러다가 오픈소스 프로젝트에 참여한 후로는 기여자와 소비자의 커다란 불균형을 발견했다.[6] '오픈소스'의 의미가 정의된 후부터 지금까지도 해결되지 못한 문제라는 것도 알게 됐다.

---

6   오픈소스 개발에는 생산자와 사용자의 심각한 불균형이 존재하며, 생산자에 대한 보상이 제대로 이뤄지지 못하는 문제가 있다. 2018년 SOSCON 삼성 오픈소스 콘퍼런스에서 내가 발표한 다음 자료(오픈소스 개발, Behind the Scenes)에서 어떤 문제가 있는지 확인해보기 바란다. netil.github.io/slides/oss-behind

여러 가지 복잡한 문제가 얽히고설킨 상태지만 한 가지 스스로 내린 결론이 있다. 지금까지의 개발자 커리어에서 오픈소스를 통해 많은 것을 받았다면, 나도 돌려줘야 한다. 받았던 혜택만큼 나도 기여를 통해 돌려주는 것이 내가 사용했던 수많은 오픈소스에 대한 비용을 어느 정도나마 지불하는 것이리라 생각한다.

나는 프런트엔드 개발자다

최근 몇 년간 프런트엔드 개발자가 많아졌다. 혹자는 기술적 허들이 낮아졌기 때문이라고 말한다. 어떤 기술 영역이 더 우위에 있고 아니고를 이야기하는 것은 아니다. 분명한 사실은 과거 웹이 시작됐을 때 화면을 표현하던 정적인 기술이 오늘날 하나의 전문 영역으로 자연스럽게 발전했다는 것이다. 프런트엔드는 그 중요성을 인정받아 지금의 위치에 왔다.

시작은 누구나 할 수 있다. 다만 아주 많은 노력이 필요하다. 프런트엔드의 가장 어려운 점으로 많이 이야기되는 것이 프런트엔드는 트렌드가 굉장히 빠르게 변한다는 것이다. 간혹 이 때문에 극단적인 평가가 이뤄지기도 한다.

한 가지 기술 영역이 고도화되고 발전하려면 아주 많은 시간이 필요하다. 서서히 완성돼 가치가 있다는 주장이 그러하다. 반면 프런트엔드는 디자인의 트렌드에 따라 또는 서비스 개선 등의 이유에 따라 보여지는 화면의 생명 주기가 길지 않다. 결국 그 '화면'을 구현해내는 코드의 생명 주기가 아주 짧아 고도화할 필요도, 진지한 고민을 할 필요도 없어 상대적으로 가볍다는 시각이 있다.

애초에 실사용자와 직접 만나는 지점의 코드는 고도화라는 목적이 있지 않다. 자동차의 경우 왜 매해 새로운 모델이 나올까? 패션 트렌드는 왜 시즌마다 등장하고 사람들은 그것을 궁금해하고 원할까? 사람들은 기능적으로 좋아지고 있지만 동일한 모습이라면 매력적이라고 생각할까? 정확한 답을 설명하기는 어렵지만 그 해답은 이미 잘 알고 있을 것이라고 생각한다.

개발자의 길을 가려고 생각할 때 하는 가장 많은 고민은 바로 어떤 기술 영역을 선택해야 하는가 또는 앞으로 밝은 전망이 있을까. 물론 대다수 개발자는 백엔드를 훨씬 더 선호한다. 프런트엔드 영역은 국내 교육 기관의 CS 관련 커리큘럼에서 교양과목 수준으로만 다룬다. 이는 프런트엔드가 다른 기술 영역에 비해 덜 중요하다는 의미일까? 그렇지 않다. 덜 중요하다면 지금처럼 시장에서의 수요는 높아지지 않고 꾸준히 발전하지 않을 것이다.

전략적으로 바라봐야 한다. 더 많은 사람이 참여하는 영역에서 다른 이들보다 뛰어나려면 그만큼 다른 사람들보다 앞설 수 있는 능력과 노력이 필요하다. 참여자가 상대적으로 적다면 희소성 측면에서 유리하다. 만약 내가 계속 백엔드 개발 영역에 있었다면 현재 위치에 있지 못했을 것이다. 단순히 경쟁자가 더 적으니 좋다는 의미는 아니다. 빠른 트렌드의 기술은 아니지만 프런트엔드 영역은 꾸준히 성장할 수 있는 역할을 한다. 모든 SW들이 웹에서 동작되도록 확장되고 있다. 프런트엔드 영역 은 매력적이다.

자바스크립트를 개발한 브렌던 아이크Brendan Eich가 남긴 유명한 말이 있다.[7]

항상 자바스크립트에 베팅하라.

성장을 위한 나만의 노하우

개발자라면 기술 영역과 상관없이 커리어가 다할 때까지 끊임없이 배 워야 한다. 그리고 '성장'해야 한다. 프런트엔드라면 쉴 새 없이 등장하는 것을 꾸준하게 배워야 한다는 푸념을 한 번쯤은 들어봤을 것이다. 오히 려 이런 점이 프런트엔드의 매력이다.

개발자는 새로 나온 것에 눈을 반짝이곤 한다. 그러나 현실은 현실이 다. 성장은 결코 쉬운 일이 아니다. 정답 또한 없다. 정답이 없는 것에서 정답을 찾는 것만큼 괴로운 일은 없다. 번뜩할 만한 해법은 아니지만 이

7　brendaneich.github.io/ModernWeb.tw-2015/#74

렇게 하는 사람도 있다는 정도로 봐주기를 바란다.

성장을 위한 나만의 '노하우'라고는 했지만 고백하자면 성장을 위해 하는 모든 일은 시험 공부를 해야만 하는 마음과 같다. 해야 하지만 하기 싫은 것과 같다. 그렇지만 분명하게 말할 수 있는 사실이 있다. '고난'을 이겨내고 완료했을 때의 성취감은 굉장히 크며 스스로도 성장했다는 느낌에 뿌듯하다는 것이다.

네 가지 성장 노하우

하기 싫은 일을 꾸준하게 하고자 시도했던 방법을 공유해본다.

첫째, 공유를 목적으로 기술 글을 작성해본다. 온라인에서 많이 볼 수 있는 방법 중 하나는 바로 TIL이다. TIL은 하루 동안 배운 내용을 블로그나 깃허브 등에 기록하는 방법이다. 꾸준히 잘할 수 있다면 아주 좋은 방법이다. 하지만 자신에게 스스로 동기를 부여하는 것은 매우 힘들다. 그만큼 지속하기도 어렵다.

내가 정리한 내용을 목적성 없이 개인 블로그에 올리면 누군가 도움을 받을 수는 있겠지만 크게 와닿지 않아 쉽게 지친다. 이때 좋은 방법은 내가 정리한 내용을 널리 '공유'되도록 하는 목적을 갖게 해 강한 동기부여(부담감과 책임감이 수반되는)를 하는 것이다.

새로운 내용을 읽고 학습하는 것도 좋지만 다음은 크게 도움이 되지 않으니 조심하자.

- 내용을 훑는 정도로 접근하게 되는 문제
- 시간의 흐름에 따라 휘발되는 문제(업무에서 지속적으로 활용되지 않는다면 더 더욱 그렇다)
- 토이 프로젝트도 좋지만 업무에서 활용하는 것이 아니라면 쉽게 잊힌다.

학습한 것이 공유로 이어진다면 다음의 장점이 있다.

- 글로 정리한다는 것은 심층적 이해가 필요하기에 더욱더 집중해 학습을 하게 된다. 심층적 이해를 위한 노력에 동기부여가 되려면 해당 노력이 의미 있는 목표와 결과로 이어져야 하며, 단순히 내가 배운 것을 정리한다는 것은 실패할 확률이 높다.
- 어딘가에 공유하겠다는 목표가 생기면 명확한 기대 이익이 설정된다.

둘째, 한 번 작성된 내용은 재사용한다. 온라인에서 읽는 수많은 기술 콘텐츠를 실제로 작성하는 데 필요한 시간은 얼마일까? 5~10분 내 읽을 수 있는 글을 작성하려면 짧게는 수일에서 길게는 수 주 소요될 수 있다.

일반적인 기술 콘퍼런스의 한 세션(40~50분 내외)을 발표하려면 대략 한 달 정도의 준비 시간이 필요하다. 이렇게 시간과 노력을 투자한 결과물이 아주 순식간에 소비되고 사라진다면 너무 아깝지 않겠는가? 투자 대비 수익이 나오지 않는 작업이다.

개인적으로 한 번 작성한 내용은 여러 번 재사용할 수 있는 방법을 찾

고 그 기회가 있다면 적극적으로 활용한다. 코드가 많은 곳에서 재사용
이 이뤄질 수 있도록 접근하는 것과 같은 이치다.

- 최대한 재사용을 시도한다.
- 최대한 많은 곳에서 공유한다.
  - 포스팅 형식
    ○ 개인 블로그
    ○ 회사 기술 블로그
  - 교육 세션
    ○ 사내 교육 과정을 만든다.
  - 발표 세션
    ○ 콘퍼런스(동일한 내용 또는 약간의 업데이트를 해 다양한 콘퍼런스에서 발표)
    ○ 밋업

셋째, 나만의 시리즈, 프로젝트를 기획한다. 관심 있는 영역에서 끊임
없는 기술적 발전이 이뤄진다면 그것을 학습하면서 지속적인 성장을 이
뤄낼 수 있다. 그러나 관심 있는 영역은 대부분 전체 영역에 비례해봤을
때 아주 작은 일부분에 불과하다. 지속적인 성장을 위한 목표 설정이 쉽
지 않을 수 있다.

바로 이런 경우에 접근해볼 수 있는 방법이 있다. 나만의 시리즈나 프
로젝트를 기획하는 것이다. 매해 동일한 주제의 내용을 업데이트해 다룬

다. 자연스럽게 해당 주제를 본인의 이름과 매칭되는 연결고리가 생기도록 만들 수 있다.

　나는 매해 기술적 동향을 다루는 'JavaScript 동향 시리즈' 글을 작성한다. 해마다 프런트엔드 영역에서 발생하는 다양한 소식을 정리한다. 해당 기술 영역을 직접 경험하지 않았더라면 알 수 없는 내용까지도 이해하게 된다는 장점이 있다. 물론 개인적 관심이 있다면 이런 수고를 하지 않더라도 배울 수 있지만 목적성이 없는 접근은 강력한 동기부여가 되지 않는다. 개인적으로 아주 효과적인 방법이라고 생각한다.

- 주기적으로 반복될 수 있는 나만의 콘텐츠를 발굴하자.
- 예를 들어, 국내 기술 콘퍼런스에 매해 연사로 참여하는 것을 목표로 삼는다.
- 내 경우 2016년부터 2021년까지 6회 연속 DEVIEW 연사로 참여했고, 2016년부터 매해 JavaScript 동향 시리즈[8]를 발행했으며, 2020년부터 월간 기술 뉴스레터인 FE News[9]를 운영하고 있다.

　넷째, 실천한다. 아무리 그럴싸한 계획을 세우더라도 실천이 뒤따르지 않는다면 아무 의미가 없다. 스스로 강력한 동기부여가 되는 사람은 극

8　netil.github.io/slides/fe-2021/#/2

9　github.com/naver/fe-news

소수에 불과하다. 나도 계획을 실천하기까지는 아주 고통스러운 시간을 보낸다.

학습하는 것을 즐기는 것은 결코 아니다. 매번 '하지 말까?', '나는 왜 한다고 한 걸까?'라는 고뇌와 귀차니즘에 시달린다. 그러나 학습을 통한 성장은 필수이기에 피하기보다 어떻게든 맞서고 이뤄내야 하는 영역이다.

- 외부(회사 동료, 조직 등)에 나의 계획을 공표한다.
  - 적극적 동기부여를 주며 퇴로가 없는 상황을 만든다.
- 예를 들어, 일단 외부 콘퍼런스에 발표를 신청하고 본다. 선정된다면, 주제는 이후에 어떻게든 쥐어짜내게 된다.

우리가 학습하는 모든 자료(또한 오픈소스도)는 누군가 시간과 노력을 들여 만들었다. 대부분 비용을 지불하지 않고 사용한다. 공유는 내가 누군가를 통해 얻었던 것을 다시 돌려줄 수 있다는 의미가 있다. 게다가 학습까지 할 수 있는 기회인데 하지 않을 이유가 없지 않을까?

앞으로도 계속 성장할 프런트엔드 영역

게임하는 것이 좋아 컴퓨터에 빠졌다. 어쩌다 보니 개발자가 됐고 프런트엔드 개발자가 됐다. 그리고 아주 우연히 글로벌하게 사용되는 오픈소스 프로젝트까지 개발했다.

이 모든 것은 무언가를 꼭 하겠다는 목적과 계획을 통해서는 아니었다. 당시 상황에 맞춰 주어진 일을 열심히 해야겠다는 생각뿐이었다. 운이 많이 따랐다. 많은 기술 영역 중에서 프런트엔드에 관심을 갖게 된 것은 커다란 행운이었다.

웹이, 그리고 웹 브라우저가 없는 세상을 상상할 수 있을까? 웹 확장은 계속되고 있고 프런트엔드 영역도 그에 맞춰 계속 성장해나갈 것이다. 더욱 많은 사람이 참여해 뛰어난 결과물을 내놓을 수 있기를 바란다.

마지막으로, 개발자에게 필수적인 스택 오버플로를 공동 창업한 제프 앳우드Jeff Atwood는 이렇게 말했다.[10]

자바스크립트로 작성될 수 있는 앱들은 결국
자바스크립트로 작성될 것이다.

---

10 blog.codinghorror.com/the-principle-of-least-power

유사 전공자의
개발자 그리고 리더 이야기

윤영제

전기전자공학 전공이 적성에 맞지 않아 방황하다 소프트웨어 개발에 매료된 개발자. 프런트엔드로 시작해 7년간 웹 개발 전반을 두루두루 경험하고 어느새 3년 차 매니저가 되었다. 재미있는 개발자와 의미 있는 매니저의 간극 사이에서 앞으로의 진로를 고민하고 있다.

전기전자공학 전공이 싫었다. 대학교 3학년 가을, 취업 박람회에서 SW 직군으로 취직하려면 무엇을 공부해야 하는지 물었다. 자바스크립트를 공부하면 좋을 것이라는 답을 들었다. 바로 겨울방학부터 자바스크립트를 공부해야겠다고 마음먹었다.

그 해 겨울이 됐다. 방학 때 NHN(현 네이버)에서 무료로 자바스크립트를 가르쳐주는 프로그램 지원자를 모집한다는 벽보를 봤다. 홀린 듯이 지원했다. NHN 소프트웨어 멤버십 예비과정이었다. 이후 네이버에서 인턴을 하고 신입 사원으로 입사했다. 네이버 메일에서 프런트엔드 개발자로 3년 일했다. 이후 Node.js를 사용해보겠다는 생각에 사내 전배(전환 배치)로 네이버 플레이스 서비스에 이동했다. 웹 개발자로 3년, 매니저로 3년 일하고 있다.

앞으로 3년은 무엇을 해야 할지 고민 중이다.

유사 전공자는 어떻게 개발자 길을 선택했나?

비전공자 출신 개발자는 많다. 전기전자공학을 전공한 나도 비전공자라고 생각했다. 하지만 한 모임에서 자신을 비전공자라고 소개했다가 왜 비전공자라는 표현을 사용하냐고 핀잔을 들었다. 이후로는 유사 전공자라는 타이틀을 사용한다. 유사 전공자인 나는 어떻게 개발자 길을 걷게 되었을까?

많은 이가 그렇듯 시험 점수에 맞춰 대학교를 선택했다. 과 선택 이유도 단순했다. 수학과 과학을 좋아해 공과대학을 선택했다. 공대 1학년 기초 과목은 고등학교 때 공부했던 것과 많이 겹쳤다. 많이 공부하지 않아도 학점이 잘 나왔다. 덕분에 많은 시간을 공부가 아닌 대학 생활(?)을 즐기며 보냈다. 밴드에 들어가 베이스 기타를 배웠고 노래패에 들어가 통기타를 배웠다. 밤을 지새우며 선배, 동기 들과 나누는 이야기가 좋았다.

2학년이 되자 전공을 선택해야 했다. 취직이 잘되고 인기가 많다는 전기전자공학을 택했다. 그런데 선택한 후 큰 문제에 맞닥뜨렸다. 재미가 없었다. 전공이 너무나 재미없었다. 회의감이 들었다. 방황했다. 전공 수업보다 인문학 수업이 재밌었다. 도스토옙스키 소설을 읽는 수업도 듣고 철학 수업도 들었다. 전공 기초 과목인 전자기학을 듣고 난 후 전공은 나와 맞지 않는다는 것을 더욱 확신했다. 선택한 것은 휴학이었다.

50일의 여행, 1년의 워킹 홀리데이

무작정 비행기를 타고 중국으로 갔다. 기차를 타고 몽골을 거쳐 시베리아를 횡단해 유럽까지 50일 동안 여행했다. 첫 해외여행이었다. 겁도 없었다. 동양에서 서양으로 이동했다. 육로를 이용하면서 다양한 나라의 여러 문화를 몸으로 체험했고 시야가 많이 트였다. 당연하다고 생각했던 것이 당연하지 않은 세상을 경험했다. 굉장히 큰 충격이었다. 개발자로 생활하면서 큰 도움이 되었을 뿐만 아니라 살아가면서 가장 도움이 된 깨달음이었다.

여행을 마치고 바로 병역의 의무를 마쳤다. 군 휴학 기간을 보낸 후에도 진로 고민은 계속됐다. 결국 캐나다 밴쿠버로 워킹 홀리데이를 떠났다. 1년 동안 새로운 곳에서 시간을 보내고 싶었다. 당시에는 새로운 경

험을 쌓는 시간이라고 했지만 지금 생각해보면 현실도피였다.

한국에서 대학을 졸업하고 취직을 하면 몸을 써서 일하지 않고 책상에 앉아 일을 하게 될 것이라 생각해 밴쿠버에서는 몸 쓰는 일 위주로 구했다. 캐나다에서 잘나가는 캐주얼 파인다이닝에서 접시닦이로 일했다. 대학 축제에서 파전 100장 붙인 것을 뻔뻔하게 경력으로 썼는데 일손이 급했는지 기회가 주어졌다.

일은 재밌었다. 한국인의 센스와 근성으로 셰프에게 일 잘하는 직원으로 눈도장 찍었다. 접시닦이를 한 지 두 달 만에 불을 다루는 소테 파트로 진급해 요리도 배웠다. 처음에는 여덟 시간의 육체 노동이 고되었다. 하지만 미래 걱정을 하지 않아도 돼 좋았다. 식당의 일과는 마감과 함께 마친다. 그날 일은 그날 마무리됐다. 잔업이 없었고 내일을 걱정하지 않아도 됐다. 물론 식당 매니저와 셰프는 손님 수 예측에 맞춰 인력 배치와 식자재 주문 등을 고민했겠지만 나는 업무 시간만 채우면 그날 일과가 끝나서 좋았다. 여덟 시간 근무를 마친 후 집에서 샤워를 하고 박스째 사둔 로컬 맥주를 마시며 빌려온 만화책을 보고(영어 공부를 핑계 삼았다) 잠드는 일상이 좋았다. 노동의 즐거움인가 생각하며 일이 없는 날에는 자연과 도시를 즐겼다.

가장 살기 좋은 도시에 꼽히는 도시답게 밴쿠버 생활은 여유롭고 좋았다. 1년이라는 시간 제약 때문에 쉬는 날도 소중했다. 돌아가는 날짜가 정해져 있어 일하는 날은 밴쿠버 거주자로, 쉬는 날에는 밴쿠버 관광객으로 부지런히 돌아다녔다. 방학이 좋은 건 개학이 있기 때문이다. 워킹

홀리데이가 좋았던 것도 끝이 정해져 있기 때문이 아니었을까 싶다.

워킹 홀리데이 기간이 끝날 무렵 일을 그만둔다고 이야기했다. 고맙게도 비자를 내주고 조리 학교를 지원해주겠으니 셰프 코스를 밟아보는 것이 어떻겠냐는 제안을 받았다. 전혀 생각해보지 못했던 제안이었다. 생각할 시간이 필요했다. 전공에 흥미가 없던 상황에 워킹 홀리데이 생활까지 만족스러워 고민에 고민을 거듭했다.

따사로운 노을빛이 물든 아름다운 바닷가를 걸으며 하루하루가 행복한 지금 무엇 때문에 쉽게 결정을 내리지 못하는지 알 수 없었다. 한국에 있는 가족과 여자친구 때문인가 싶었지만 아닌 것 같았다. 한참을 해안가 길을 걸으며 내린 결론은 여기서 채울 수 없는 무언가를 놓치고 있다는 점이었다. 무엇이 허전한가 고민했다. 자기계발의 욕구였다. 식당에서 밀려드는 주문을 받아내며 요리하는 것이 재밌었다. 하지만 요리하는 것 자체에 대한 즐거움이 아니었다. 바쁜 와중에 실수 없이 주문을 받아내는 그 상황이 재밌었다. 남들이 보기에 좋아 보이는 일이 아닌 내가 재밌는 일을 하고 싶어졌다. 도피는 여기서 끝내고 내 길을 찾아야겠다고 생각했다.

매슬로의 욕구 단계 이론의 정점인 자아 실현의 욕구를 직접 경험(!)하고 귀국을 결정했다. 그리고 복학했다.

놓칠 수 없었던 실리콘 밸리 인턴과 네이버 인턴

자그마치 4년이라는 길었던 휴학을 끝내고 복학했다. 졸업까지 1년 반 남았다. 전공을 좋아하지는 않았지만 당장 전공을 버리고 뛰어들만큼 좋아하고 관심 있는 분야를 찾지 못한 상황이었다. 현재 상황에서 내릴 수 있는 최선의 선택을 내렸다.

그나마 재미있게 느낀 전공 과목은 가볍게라도 코딩이 들어간 수업이었다. 신호 및 시스템에서 매트랩MATLAB을 사용해 계산하고 표를 그려내는 일이 재밌었다. 베릴로그Verilog로 버튼 입력을 받아 LED 제어 프로그램을 짜는 것이 재밌었다. 내가 작성한 코드대로 동작하는 것을 보는 재미는 생각보다 컸다. 해당 프로그램에서는 내가 신이었다. 작은 세계였지만 전지전능한 신이 되는 기분은 당연히 좋았다.

3학년 가을 취업 박람회에 갔다. 전자 기업 상담 부스에 앉아 SW 직군으로 취업하는 방법을 물었다. 밑도 끝도 없는 질문에 상담해주는 분도 당황했을 것이다. 그럼에도 자바스크립트를 공부하면 좋을 것이라고 친절히 이야기해줬다. 길이 보였다. 이번 겨울방학 때 자바스크립트를 공부하고 4학년에는 SW 과목을 최대한 많이 들어 SW 직군을 지원해보자고 결심했다.

그리고 운명을 만났다. 'NHN 소프트웨어 멤버십 예비과정(이하 소멤 예비과정)' 벽보가 보였다. 네이버에서 자바스크립트를 가르쳐준다니 지원하지 않을 이유가 없었다. 그것도 공짜로! 다행히 합격했다. 겨울방학 동안 CScomputer science 기초를 공부했다.

4개월간 학교를 다니면서 프로젝트를 진행했다. 2개월 과정은 빡빡한 일정으로 진행됐다. 하루 여덟 시간 강의에 자율학습 시간, 그리고 과제하는 시간까지 정말 바빴다. 잠자는 시간과 강의장 이동 시간을 제외하면 계속 공부했다. 힘들지 않았다. 오히려 재밌었다. 관심이 있어서 그런지 배우는 재미가 있었다. 하나를 알면 하나를 더 알고 싶었다. 새롭게 알게 되는 지식이 서로 만나 퍼즐 맞춰지듯이 확장되는 경험이 너무나도 신났다. 프로젝트를 진행하면서 기획부터 개발까지 어떻게든 코드로 동작하도록 하겠다고 노력했다. 지금 생각하면 부끄러운 코드이지만 말이다.

소멤 예비과정을 무사히 수료하고 인턴 기회를 얻었다. 그런데 실리콘밸리에 있는 HP Labs에 인턴을 갈 수 있는 기회도 생겼다. 밑져야 본전이라는 생각으로 소멤 예비과정 경험을 잘 포장해 지원했는데 합격한 것이다. NHN 인턴과 HP Labs 인턴 모두 놓치고 싶지 않았다. 예전 같으면 혼자 고민하다 하나를 포기했을 것이다. 하지만 50일 동안 떠났던 세계 여행과 1년 동안 경험한 워킹 홀리데이에서 길을 직접 만들면서 갈 수도 있다는 것을 깨달았다. 용기를 내 NHN 인사 담당자에게 메일을 보냈다. NHN 인턴을 너무나도 하고 싶지만 해외 나가는 걸 포기하는 건 바보 같은 선택인 것 같다고 구구절절 썼다. 두 달 동안 해외 인턴을 다녀온 후 NHN 인턴을 할 수 있는 방법은 없을지 문의했다. 다행히 다녀와서 연락하라는 답장을 받았다. 해외 인턴을 즐겁게 마친 나는 돌아와서 연락했고 다시 소중한 면접 기회를 얻어 NHN 인턴을 하게 됐다. 그리고 정직원으로 입사했다.

유사 전공자인 내가 개발자가 됐다.

[본과정 인턴십_윤영제] 본과정 참여를 못하게 되었습니다.

보낸사람   윤영제 <oscar_9@naver.com>

받는사람   NHN

2012년 6월 15일 (금) 오후 12:45

안녕하세요.

NHN 소프트웨어 멤버십 예비과정 3기를 수료하고 소프트웨어멤버십 본과정에 선발된 윤영제 입니다.
좋은 교육과 기회를 주셔서 감사드립니다.

다름이 아니오라, 이번 소프트웨어멤버십 본과정을 포기함을 알려드립니다.
여름방학에 실리콘밸리의 HP Lap실에서 인턴할 기회를 얻게 되었습니다.
7월 2일부터 8주간 하는 인턴이라 NHN 본과정과 겹치게 되어 아쉽지만 본과정을 포기하게 되었습니다.
NHN 정말 가고 싶은 회사이고 본과정 프로젝트 목록을 보면서 새로 배울 것들에 대해 큰 기대를 하고 있던터라 고민을 많이 했습니다.
하지만 미국 실리콘밸리에서 그들이 일하는 것을 보고 배우고 일해보는 경험을 놓치게 되면 나중에 후회하게 될 것 같아 미국행을 선택하였습니다.

어젯밤 HP Lap실 최종 합격 소식을 듣고 기쁨과 본과정을 함께 하지 못하는 것에 대한 아쉬운 마음이 동시에 들었습니다.
혹시 제가 미국인턴을 다녀와서(8월 말에 입국합니다.) 본과정을 함께 할 수 있을지 염치불구하고 문의드립니다.
최종 합격이 안되는 조건이더라도 배워보고 싶어 이렇게 문의드립니다.

다시 한 번 질 좋은 교육을 받게 해주시고 좋은 기회를 주신 점에 대해 감사의 말씀 전하고 싶습니다.
다시 좋은 모습으로 뵙길 기대하겠습니다.
감사합니다.

윤영제 드림

당시 인사 담당자에게 보냈던 부탁 메일

프런트엔드 개발자가 되다

피를 초록으로 물들인 신입 사원 교육을 마쳤다. 플랫폼보다는 사용자 접점이 있는 서비스를 희망한 나는 서비스 팀을 지원했다. 그렇게 배정된 팀은 메일 개발 팀이었다.

팀으로 출근한 첫날이었다. 팀장님이 어렵게 말을 꺼냈다. 프런트엔드 개발 자리가 급한데 프런트엔드 개발을 할 수 있겠냐는 말이었다. 무엇이 되었든 개발하는 것이 좋았다. 큰 고민하지 않고 하겠다고 했다. 당시에는 '프런트엔드 개발자'라는 말을 많이 사용하지 않았다. 게다가 프런트엔드 영역은 퍼블리셔와 비슷한 역할로 인식되던 시기였다. 이 때문인지 어렵게 이야기를 꺼냈던 것 같다. 요즘은 면접을 하면 다들 그럴듯한 이유로 프런트엔드 개발자가 되려고 한다. 나는 별 고민 없이 타의로 프런트엔드 개발자가 됐다.

프런트엔드 개발 업무를 시작한 후 프런트엔드 개발을 좋아한다는 것을 알게 됐다. 제일 좋았던 점은 작업 내용이 바로 화면에 반영돼 볼 수 있다는 점이었다. 피드백이 빠른 개발은 개발의 두려움을 줄여주는 역할을 했다. '일단 해보고 수정하자!'라는 마음가짐으로 개발을 시작할 수 있었다.

메일 웹 개발 팀은 백엔드 개발과 프런트엔드 개발이 한 팀에 있었다. 자연스럽게 백엔드도 함께 공부할 수 있었다. 배포는 따로 담당자가 정해져 있지 않고 돌아가면서 했다. 배포를 직접 경험하고 모니터링하면서

셀 스크립트_{shell script} 작성과 서버 운영을 배울 수 있어 좋았다.

지금 생각해보면 프런트엔드 개발자로 시작했다기보다는 웹 개발자로 개발 커리어를 시작했고 메인 업무가 프런트엔드였다고 생각한다.

국내? 해외? 개발 커리어는 어디로?

2012년 여름, 두 달이라는 기간 동안 실리콘 밸리에서 인턴으로 일하게 됐다. 현지의 여러 개발자를 만나고 많은 회사를 방문할 수 있었다. 구글 캠퍼스를 구경한 적이 있다. 회사 앞마당에서 비치 발리볼을 하는 모습과 소파에 편하게 앉아 업무하는 사람들이 멋지게 보였다. 곳곳에 무료로 나눠주는 주전부리도 좋아 보였다. 다 좋게 보였다.

'그래, 이거야. 이런 곳에서 일해야지!'

실리콘 밸리에서 일하는 한국인과 이야기를 나눌 수 있는 소중한 기회가 생겼다. 한국인은 충분히 능력이 있는데 중국인과 인도인보다 상대적으로 도전을 적게 하는 것 같아 아쉽다는 이야기, 그리고 실리콘 밸리는 한국과는 환경이 다르다는 이야기 등을 들었다. 많은 이야기를 듣다 보니 결국 사람 사는 곳은 비슷하다는 생각을 했다. 실리콘 밸리의 현지 개발자 이야기를 들은 경험은 글로벌 기업의 개발자가 되어야겠다고 결심하는 계기가 됐다.

제일 큰 이유는 연봉과 동료 개발자, 자유로운 분위기였다. 어떻게 하면 좋을까 방법을 찾아봤다. 미국 대학원으로 진학해 글로벌 기업으로 취업하는 것이 가장 좋은 방법이었다. 하지만 대학원 진학은 전공자가 아니면 동종 업계 3년 혹은 5년의 경험이 있어야 했다.

우선 개발자로 경험을 쌓고 지원하기로 했다. 대학원은 세부 전공을 정해야 하는데 아직 어떤 부분을 공부를 더 해야 할지 몰랐고 어느 영역에 관심이 있는지도 확신이 없었다. 그저 개발이 재밌을 뿐이었다. 직접 코드를 작성해 서비스를 만들어내는 것이 재밌었다. 학문적으로 흥미를 느꼈던 것은 아니었다. 일을 하면서 어느 부분을 더 공부하고 싶은지 찾아보고 경험을 쌓자 싶었다.

네이버에서 개발 경험을 쌓으며 나에게 맞는 영역을 찾았다. 메일 서비스의 프런트엔드 개발을 했다. 그렇게 웹 서비스 개발자로 3년을 보냈다. 서비스 개발이 굉장히 재밌었다. 하지만 서비스 개발자에게 대학원이 갖는 의미를 찾을 수 없었다. 특히 프런트엔드 개발을 하는 입장에서 세부 대학원 전공을 정하는 것이 더 어려웠다. UX/UI 전공을 하자니 좋은 서비스를 만들고 싶다면 필요는 한데 깊게 공부하고 싶다는 생각은 들지 않았다. 흥미를 느끼는 것은 많은 사용자가 사용하는 유용한 앱을 만드는 일이었지 학문으로 공부하는 것이 아니었다.

사용자와 접점을 갖는 새 기술로 사용자에게 더 좋은 경험을 주는 서비스 개발을 하고 싶다는 생각은 강해졌다. 그럴수록 '대학원을 꼭 다녀야 할까?' 회의감이 들었다. 결국 '생산성이 중요하고 품질 좋은 제품을 빠른 시간에 전달하는 것이 중요한 서비스 개발자는 대학원 전공을 무엇으로 해야 할까?'의 답을 찾지 못했다. 대학원 진학은 흐지부지됐다.

오히려 서비스 개발자로 해외 진출을 생각한다면 대학원보다는 서비스 개발 경력을 쌓은 후 성과를 인정받아 해외 서비스 회사로 넘어가는 것이 맞다는 생각이 들었다.

현재 회사인 네이버에서 실력을 제대로 쌓고자 열심히 일했다. 운이 좋게도 평가가 좋았다. 보상도 잘 받았다. 그리고 네이버에는 배우고 싶은 좋은 동료가 많았다. 회사 분위기도 자유로웠다. 함께 일하는 사람에게 받는 스트레스도 없었다. 스트레스는 개발이 막혔을 때 오는 것이지 동료에게서 오는 것은 아니었다. 그만큼 좋은 동료를 만나 일했다. 일에서 오는 스트레스는 문제가 해결되면 몇 배의 성취감과 만족감으로 돌아왔다. 회사 생활이 너무 좋았다. 해외로 나가고 싶던 이유가 모두 해결됐다. 더 이상 해외에 대한 갈망이 없어졌다. 짧게 경험한 해외 인턴 생활로 만족했다.

도전은 결핍에서 비롯된다. 결핍을 느끼지 못할 만큼 현재 생활에 만족한다. 하지만 여전히 가능성은 열어두고 있다. 가보지 않은 새로운 길을 가는 것은 언제나 두근거리는 일이니까 말이다.

유사 전공자 출신의 개발자로 살아남기

앞서 언급했듯, 나를 비전공자로 소개하자 문과 출신의 개발자가 어디서 그런 소리를 하냐고 했던 적이 있었다. 대학에서 C 언어 기초는 배웠으니 아주 틀린 말은 아니었다. 하지만 데이터베이스, 네트워크, 컴퓨터 구조, 알고리즘 전공 수업을 못 들었다는 부분은 개발자로 성장할 때 자꾸 걸림돌이 됐다. 일을 시작한 후 CS 전공을 하지 않았다고 되도록 밝히지 않으려 했다. 자랑이 아니라고 생각했고, 위축됐다. 제대로 개발했다면 다른 사람이 알아차리지 못하는 게 당연한 것 같았다.

컴퓨터 전공 지식이 부족한 것을 채우려 공부를 많이 했다. 많은 대학교에서 전공 과목 교재로 사용한다는 책들로 비전공자인 소멤 예비과정 동기들과 스터디했다. 일을 배우면서 따로 공부하는 것은 매우 어려웠다. 그 어려움을 동기들과 나누고 도움을 많이 받았다. 네트워크, 운영체제, 컴퓨터 구조를 공부했다. 실무와 조금이라도 연결 지으면서 공부하니 재미있었다.

프런트엔드는 전공 지식이 많이 필요하지 않다고 이야기하는 사람도 있다. 그러나 유지 보수 하기 좋으면서 성능까지 고려하려면 전공 지식은 필수다. 프런트엔드 개발자가 작성한 코드가 실행되는 브라우저는 제2의 운영체제로 불린다. 그만큼 운영체제를 잘 이해하면 브라우저를 잘 이해할 수 있는 것은 물론 성능 병목 현상을 만났을 때도 더욱 효율적인 해결책을 내놓을 수 있다. 또한, 네트워크를 잘 이해하면 백엔드 개발자와 협업할 때도 능동적인 자세로 제안하고 이야기할 수 있다.

프런트엔드는 기술 변화가 매우 빠르다. 기존 라이브러리나 프레임워크에 있던 문제를 해결하는 새로운 기술이 많이 등장한다. 새로 나오는 기술을 살펴보면 기존 문제를 완전히 새로운 방식으로 해결했다기보다는 다른 영역에서 사용했던 방식을 적용시켜 해결한다. 새로운 문제를 맞닥

뜨렸을 때 해결할 수 있는 여러 방법론과 예시를 아는 것은 많은 도움이된다. 문제가 생겼을 때 해결해주는 라이브러리를 찾는 것이 아닌 해결할 수 있는 실마리를 직접 구현할 수 있다.

여전히 전공자보다 기초 지식이 부족한 것은 아닌지 불안하다. 이 불안함은 리덕스Redux를 만들고 크리에이트 리액트 앱Create React App을 공동 개발한, 개발자의 연예인인 댄 아브라모프Dan Abramov가 2018년에 쓴 'Things I Don't Know as of 2018'[1]을 보면서 많이 위안을 받았다. 특히 연차가 쌓일수록 지금 연차면 더 많은 것을 알아야 하는 것은 아닌가 불안함을 느끼는데 중요한 것은 내가 전문성을 갖춘 분야라는 점을 깨달았다. 약점은 보완해야 하는 대상은 맞지만 집중해야 하는 부분은 나의 강점이다. 내가 모르는 부분은 모른다고 인정하고 내가 필요할 때 해당 부분을 배우고 익힐 수 있으면 문제 없다는 것이 중요하다.

유사 전공자를 포함한 비전공자 개발자의 장점은 본인 전공을 포기하고 개발자가 될 정도로 개발에 매료됐다는 점이다. 전공하지 않은 분야를 스스로 혹은 도움을 받아 학습하며 밥을 벌어먹고 산다는 점에서 이미 대단하다. 특히 개발이 좋아서 시작했기 때문에 학습 및 성장 의지가 크다.

면접관으로 면접에 참여하면 반드시 물어보는 질문이 있다.

---

1 overreacted.io/things-i-dont-know-as-of-2018

"가장 재미있게 진행했던 프로젝트가 있으면 소개해주세요."

눈빛이 초롱초롱해지면서 그때로 돌아가 신나게 설명해주는 지원자가 있다. 개발을 좋아하는 그 눈빛을 가진 지원자들은, 점수에 맞춰 대학에 가고 취직이 잘된다는 전공을 골라 적당히 졸업한 지원자와는 다른 결과를 낸다.

비전공자 개발자는 전공자 개발자와 경쟁한다. 처음에는 당연히 전공 지식의 깊이가 부족하다. 하지만 개발 열정과 흥미는 결코 부족하지 않다. 열정과 흥미가 부족한 전공자보다 훨씬 더 빠르고 크게 성장할 수 있다. 개발자는 문제를 해결하는 사람이다. 문제를 해결할 때는 통섭의 지혜가 필요하다. 비전공자는 전공이 그 무기가 될 수 있을 것이다.

리액트와 함께 자라기

2015년, 개발자로 일한 지 3년 차가 됐다. 작업이 손에 익었다. 어떤 이슈가 되었든 어디를 어떻게 작업하면 되겠다는 것이 보였다. 과제를 보면 새롭게 고민해 작업하기보다는, 전에 작업했던 대로 작업하곤 했다. 조금 지루한, 바꿔 말하면 재미가 없는 시기를 겪고 있었다. 그래도 매주 프런트엔드 관련 정보를 위클리 레터로 꾸준히 받아서 읽고는 있었다. 거기엔 리액트와 앵귤러를 비교하는 글이 지속적으로 올라왔다. 프런트엔드의 프레임워크 왕좌 자리를 두고 치열하게 경쟁하고 있었다.

그러던 중 11월 장기간 업데이트되지 않던 네이버 메일의 모바일 웹 페이지 스타일 개편 작업을 하게 됐다. 디자인만 바뀌었을 뿐 기능은 그대로인 개편이었다. HTML과 CSS를 수정하는 마크업 작업만 진행해도 문제가 없을 것 같았다. 하지만 마크업 작업 과정에서 오래된 기존 마크업 구조를 정리할 겸 모두 신규로 작성하기로 결정했다. 이 결정은 프런트엔드 영역 전체를 신규로 작성하는 결과를 불러왔다.

자바스크립트 코드는 DOM 요소를 가져와 변경하는 작업이 대부분이기에 뷰와 로직이 분리되지 못한 상황이었다. 마크업 변경은 대부분 자바스크립트 코드를 수정해야 한다는 것을 의미했다. 결국 전체 마크업이 변경되는 상황에서는 프런트엔드를 새로 작성하는 편이 빠르겠다는 결론에 도달했다. 새로운 프레임워크와 라이브러리를 사용해보고 싶다는 개발자 욕구도 컸다.

프레임워크(라이브러리) 선택 기준

열심히 후보군을 모색했다. 원시시대의 바닐라vanilla JS[2]에서 벗어나 신문물로 넘어가는 터라 선택지가 많았다. 언제 이런 소중한 기회를 얻을 수 있을지 몰라 신중을 기해 후보군을 추렸다.

2　프레임워크나 라이브러리를 사용하지 않는 순수 네이티브 자바스크립트를 말한다.

당시 가장 많이 언급되던 프레임워크와 라이브러리 중 다음 네 개를 후보로 정했다.

- Backbone.js
- 앵귤러JS
- 엠버Ember
- 리액트

각 프레임워크 및 라이브러리의 장단점을 정리한 수많은 글을 읽었다. 어떤 것이 메일 앱에 제일 잘 어울릴지 고민했다. 여러 리서치를 하면서 나름의 선택 기준을 정해야 했다. 프런트엔드 춘추전국시대 천하를 통일할 라이브러리를 알아맞히는 일은 불가능할 것이다. 단지, 적어도 내가 앞으로 오래 잘 사용할 수 있는 걸 선택하자고 생각하고 다음과 같은 선택 기준을 세울 수 있었다.

- 오랫동안 유지 및 보수가 가능하고 지속 가능한 코드이기를 바란다.
- 외부 라이브러리 의존도가 없기를 바란다.
- 되도록 표준(HTML5, ECMAScript 2015(ES6))을 사용하자.

결론은 표준인 ECMAScript 2015와 잘 어울리고 외부 라이브러리 의존이 없는 리액트였다. 물론 잘 알려진 리액트 장점도 선택에 영향을 주었다.

- 가상 돔을 통한 성능 이점
- 컴포넌트 단위의 개발로 재사용성 증대
- 서버와 클라이언트가 같은 코드로 렌더링하는 유니버셜 렌더링universal rendering 사용 가능
- 페이스북과 인스타그램 서비스에 적용되어 운영되며 페이스북이 개발

당시 고민해서 정했던 이 기준은 이후 새로운 라이브러리나 도구를 선택할 때도 많은 도움이 됐다. 빠르게 변화하는 환경에서 지속 가능한 개발을 위해 선택을 해야 한다는 것은 어려운 일이다. 나름 기준을 잘 잡고 있어야 선택의 어려움을 줄일 수 있다.

학습과 발표를 통한 성장

바닐라 JS에서 리액트라는 신문물로 도약하려다 보니 어려움이 컸다. ES6, 리액트, 웹팩, 바벨Babel, 리덕스 등 공부할 것이 너무나 많았다.

가장 기본인 ES6 문법을 익히는 데 집중하기로 했다. 사용할 언어의 기본 지식이 튼튼해야 어려움이 적다. 함께 개발할 동료들과 매일 30분에서 한 시간씩 2주일 동안 스터디했다. 스터디는 새롭게 추가된 문법이 무엇이 있는지 훑어보는 정도로만 했는데 실제로 개발을 진행하면서 체

득한 덕분인지 빠르게 익힐 수 있었다.

이번 작업의 핵심은 리액트 학습이었다. 1박 2일 동안 세미나를 하며 같이 개발하는 동료들과 눈높이를 맞추는 시간을 가졌다. 절차적 개발에 익숙해진 상황에서 선언적 개발로 패러다임을 전환하는 일이었다. 낯선 춘천 연수원에서 진행했던 것이 사고의 전환 과정에 많은 도움이 됐다. 연수원에서 첫 세미나를 마친 후 숙소로 돌아가 늦은 밤 침대에 누워 잘 이해되지 않던 리액트 공식 문서를 읽고 또 읽었다. '아하!'의 순간이 찾아왔을 때의 희열은 아직도 생생하게 기억한다.

웹팩과 바벨은 개발 환경 설정에 가까운 부분이다. 한 사람만 고생해 설정을 마치면 다른 개발자는 편하게 그 환경에서 개발을 진행하면 된다. 비교적 시간이 많은 사람이 시간을 투자해 학습했다. 덕분에 다른 개발자들은 편하게 개발했다.

라이브러리 사용을 최소화하자는 목적이 있었기 때문에 처음에는 리덕스를 고려하지 않았다. 리덕스까지 공부하고 개발을 시작하기에는 시간이 부족했다. 개발 인원이 ES6와 리액트도 확실하게 이해하고 사용하지 못하는 상황에서 혼란만 가중될 것 같았다. 프로젝트를 진행하다 필요하면 그때 추가하기로 했다. 리액트만으로 서비스 구현을 시작했다. 결론적으로는 리덕스를 추가했지만 리덕스를 적용하지 않았을 때 발생하는 문제점과 어려운 점을 알게 됐고 필요하면 학습을 했기 때문에 비교적 빠르게 이해하고 적용할 수 있었다. 새로운 것을 익힐 때 필요성을 느껴서 학습하는 것과 아닌 것은 큰 차이가 있다. 논리적 사고를 끊임없이 연습하는 개발자는 본인이 납득하지 않으면 동기부여가 확 떨어진다. 학습도 마찬가지다. 필요성을 느끼지 못한 라이브러리나 도구를 공부할 때는 어렵고 재미가 없다. 개발에 필요해 학습하면 알게 되는 재미가 크다. 빨리 쓰고 싶은 마음도 생긴다.

든든한 동료들과 함께 첫 리액트 프로젝트를 무사히 마쳤다. 당시 리액트가 서비스에 적용된 예시가 많이 없어 사내 밋업 발표를 하게 됐다. 다행히 반응이 좋아 기술 블로그의 글을 작성했고 이내 사내 강의까지 이어졌다. 처음 강의 제안을 받았을 때는 강의를 해도 되는 실력인지 의문과 두려움이 컸다. 하지만 경험을 공유하는 과정 속에서 나도 배울 수 있게 될 것이라는 마음으로 강의에 도전했다.

여덟 시간의 강의를 준비하는 데 많은 시간이 투자해야 했다. 알고 있는 부분을 다른 사람에게 설명하려니 아리송한 부분이 생겼다. 해당 부분들은 제대로 이해하고 설명할 수 있을 때까지 자료를 찾아 읽고 또 읽었다. 강의를 준비하면서 내가 아는 모든 것을 전하자는 생각은 내려놨다. 리액트를 처음 배우는 사람들이 정확한 개념을 익히도록 도와주자는 생각으로 준비했다. 준비 과정 속에서 스트레스는 컸지만 나는 많이 성장했으며 강의를 마친 후 성취감과 강의 피드백을 받았을 때의 뿌듯함은 소중한 경험으로 남았다.

풀스택?

리액트를 서비스에 적용하니 SSR까지 하고 싶어졌다. 하지만 자바 백엔드를 가진 팀에서 앞에 Node.js 서버를 세팅해 넣는 것은 여러 난관이 있었다. 기존 자바서버 페이지JavaServer Pages, JSP로 렌더링하던 페이지를 JVM에서 돌릴 수 있는 라이노Rhino 엔진으로 리액트 코드를 돌려 HTML을 뽑아냈다. 성능이 개선됐다는 오라클 나스호른Oracle Nashorn 엔진으로 업그레이드해 렌더링 테스트도 해봤다. V8 엔진에서 돌아가는 Node.js에 비해 JVM 위에서 돌아가는 자바스크립트 엔진들은 성능이 만족스럽지 못했다. Node.js로 SSR 사용을 시도하는 것은 여러 사람을 설득해야 했다. 비싼 물리 장비 서버를 추가로 늘려가면서 적용하자고 설득하기에는 내 실력이 부족한 것은 물론 여러 삽질을 하면서 결과물을 내놓을만큼 시간을 할애하기도 어려웠다.

리액트를 사용한 후 Node.js를 사용하고 싶다는 갈망은 너무나 커졌다. Node.js를 백엔드로 사용하는 곳으로 가야겠다고 마음먹었다. 당시 네이버에는 Node.js를 사용하는 조직이 많지 않았다. 딱 두 곳이 있었다. 로그 수집 플랫폼 쪽과 사용자 서비스 조직이었다. 서비스 개발자로 3년 지내본 결과 서비스 개발자가 적성에 맞다고 생각해 사용자 서비스를 하는 플레이스 조직으로 사내 전배를 지원했다. 플레이스 조직으로 이동하는 것은 큰 결심이었다. 너무나도 좋아했던 리액트 개발을 포기하고 앵귤러 개발을 해야 한다는 점 때문이었다. 리액트를 못 쓰고 앵귤러 개발을 해야 한다는 점이 너무 슬펐지만 Node.js 실무 개발 경험을 쌓고 싶다는 욕구가 강해 리액트를 잠시 놓아주기로 하고 전배를 결정했다.

플레이스 조직으로 이동해 본격적인 풀스택 개발이 시작됐다. 사용자와 만나는 프런트엔드 개발부터 백엔드 개발 및 서버 배포, 관리까지 모두 담당하는 웹 개발자가 되었다. 몽고DB_{MongoDB}로 직접 관리하는 데이터도 있고 일랙스틱서치_{ElasticSearch}를 사용한 검색도 제공하며 레디스_{Redis}를 이용한 캐시 레이어도 구축돼 있어 다양한 경험을 할 수 있는 매력적인 조직이었다.

대용량 트래픽이라는 네이버의 통합검색 질의에 대응하는 데 필요한 효율적인 구조를 고민해볼 수 있어 좋았다. 실제 트래픽을 처리하는 앱 레이어를 자바스크립트로만 작성해 대응할 수 있는 점은 너무나 매력적이었다. 자바의 스프링 프레임워크를 쓰던 동기는 Node.js의 프레임워크인 익스프레스_{Express}로 서빙하는 것이 성냥개비로 성을 짓는 것 같다며 불안하다고 했지만 Node.js로 충분히 많은 트래픽을 받아낼 수 있었다.

타입이 없는 언어이다 보니 초기에 코드를 작성하는 생산성이 높았다. 이런 장점도 있었지만 코드의 양이 많아지고 협업이 많아지면서 타입 언어가 주는 안정성을 찾게 됐고 타입스크립트를 도입하게 됐다.

백엔드와 프런트엔드를 한 사람이 모두 개발한다는 것은 가장 적절한 곳에서 효율적으로 일을 처리할 수 있다는 장점이 있다. 예를 들어 비즈니스 로직을 서버에서 처리할 것인지 클라이언트에서 처리할 것인지 결정을 백엔드 개발자와 프런트엔드 개발자가 모여 회의를 하고 결정할 필요가 없다. 누가 작업을 더 많이 해야 하나와 같은 고민보다는 어느 레이어에서 처리하는 것이 제일 효율적인지에 집중해 결정 내릴 수 있다. 데이터가 어디서 생성돼 어떻게 정제되고 사용자에게 노출될지 모두 볼 수 있어 전체 그림을 보면서 구조를 설계할 수 있다. 프런트엔드만 개발할 때는 백엔드 개발자에게 API 변경을 요청하는 것이 어렵거나 협조적이지 않은 백엔드 개발자 때문에 클라이언트에서 비효율적으로 처리하는 경우가 있다. 하지만 이런 비효율성이 사라져 만족도가 높았다. 게다가 커뮤니케이션 효율성이 높아졌다. API 협의를 위한 백엔드 개발자와 프런트엔드 개발자 간 협의 없이 내 머릿속에서 협의만 잘 이루면 됐다.

물론 단점도 선명했다. 공부할 것이 너무 많았다. 프런트엔드만으로도 공부할 것이 넘쳐나고 새로운 기술 트렌드를 익히고 파악하는 데 많은 시간이 든다. 여기에 백엔드 영역까지 해야 하니 시간이 부족했다. 공부할 것이 많아지면 가장 약한 부분을 먼저 공부하게 된다. 이런 경우 내가 잘 안다고 생각한 프런트엔드 영역의 기술 팔로업이 잘 안 된다. 내

강점을 더 강하게 만들 수 없고 두루두루 얕고 넓게 아는 개발자가 되고 만다. 이를 해소할 수 있는 것이 T자형 인재, 요즘에는 더 나아가 π자 인재가 되는 것이다. 두루두루 넓게 알면서 한 영역이나 두 가지 영역은 깊게 아는 유형이다. 이상적인 풀스택 개발 팀은 서로 다른 전문 영역을 가진 T 혹은 π자 인재가 모여 전문 분야는 깊이 있게 코드 리뷰와 의견을 내면서 다른 부분은 배워나가는 팀이 아닐까 한다.

사람의 시간은 한정적이다. 모든 분야에서 전문가가 될 수 없다. 적어도 한 가지 분야에서 누구보다 깊게 알면서 모든 영역을 골고루 할 수 있는 정도가 되는 것이 실질적인 풀스택 개발자의 지향점일 것이다.

개발 리더가 되다

사용자가 늘어나고 서비스가 커지면서 내가 속한 조직도 자연스럽게 커졌다. 해야 할 일은 많아지고 새로운 일을 맡아 해야 할 사람과 새로운 팀이 필요해졌다. 개발자를 구하기도 어려운 상황에서 개발 리더는 구하기 더 어려웠다. 결국 내부에서 새로운 리더가 나와야 하는 상황이 됐다. 개발이 좋은 나는 개발 리더가 되면 실무에서 멀어진다고 생각해 매니저를 희망하지 않았다. 소규모 파트를 리딩하며 개발하는 관리 경험을 쌓기는 했지만 더 많은 일을 효율적으로 하는 데 필요한 개발의 부수적인 부분으로 생각을 했을 뿐 관리가 메인이 되는 리더는 하기 싫었다. 재믾는 개발만 계속 하고 싶었다.

하지만 대안이 없는 상황이었다. 결국 1년만 하기로 이야기했다. 2020년은 마침 팀을 옮긴 후 3년이 되는 해였다. 새로운 도전을 해야 하는 시기였고 리더 경험이 개발자로 성장하는 데 도움이 될 것이라 생각했다. 1년만 해보고 아니라고 판단되면 그만두겠다는 마음으로 시작했다. 어느덧 리더 3년 차가 됐다.

개발자와는 다른 직군이다. 처음에 제일 적응되지 않았던 것은 동료 개발자와 관계였다. 같이 개발하고 코드를 리뷰하던 동료와 마음은 같았다. 이전과 같이 대하고 싶었는데 아무래도 평가하는 입장이었기 때문인지 동료 개발자들은 나를 기존과 동일하게 받아들이지 못했다. 머리로는 이해했지만 아쉬웠다. 내 욕심이었다. 이를 받아들이는 데 시간이 조금 걸렸다. 이전과 동일하게 PR 리뷰를 남겼지만 받아들이는 동료 개발자들의 반응은 달랐다. 리더가 된 후 댓글 하나에도 더 신경을 썼고 내 코멘트에 맞춰 무조건 바꿔야 하는 건 아니라는 점을 전달하려고 부단히 애썼다.

팀 문화도 많이 고민했다. 리더가 되기 전부터 팀 문화 빌딩에 관심이 많았는데 리더가 되면서 온전히 내 책임이 됐다. 팀 분위기는 리더의 분위기라는 말을 믿는다. 또한, 서비스 개발 리더는 개발 부분만 관여하는 것이 아니라 서비스 성공에 관여해야 하는 위치다. 기존에 아무리 주도적으로 개발을 진행했어도 개발이 메인이 되는 것과 방향을 정하는 것은 다르다.

리더가 된 후 과연 팀원 성장에 도움을 줄 수 있을지 계속 고민했고 고민하고 있다. 리더가 모든 것을 팀원보다 잘하는 것은 아니다. 최고의 운동선수가 최고의 코치가 되지는 않는다. 리더가 해야 하는 일은 무엇일까 많이 고민했다. IT 개발 리더 책도 많이 봤다. 업무를 한정하지 않고 리더십 책도 많이 읽었다. 수많이 나온 리더십 책을 보며 느낀 것은 리더십에 정답은 없다는 것이었다. 팀원이 개발에 온전히 집중하며 성장할 수 있도록 도와주는 역할을 하기로 했다.

리더는 들리는 정보와 접근할 수 있는 정보가 팀원보다 많다. 어떤 과제가 진행된다면 왜 그렇게 진행하게 됐는지 개발자가 납득할 수 있도록 설명하는 역할을 맡아야 한다. 개발자는 서비스의 1차 소비자이기도 하다. 만드는 사람이 납득하지 못하는 제품은 좋은 품질을 보장할 수 없다. 애정을 가지고 만드는 제품과 일이라서 만드는 제품은 다른 사용자 경험을 준다.

리더는 일을 더 잘할 수 있도록 중재와 윤활유 같은 역할을 해야 하는 사람이다. 리더는 우산 같은 사람이다. 리더는 외부 공격과 안 좋은 것에서 팀원을 막아줄 수 있는 사람이다. 이것이 내가 추구하는 리더 방향이며 이런 리더가 되고자 지금도 노력한다.

개발자 8년 차에 리더가 됐다. 너무 빠른 시기에 개발 리더가 된 것이 아닐까 생각할 때도 있다. 이는 개발 리더가 된 것이 아니라 개발 시간이 줄어드는 것에서 오는 불안함일 것이다. 여기저기 회의에 참석하고 면담하고 면접보는 시간으로 스케줄이 가득 찬다. 이전처럼 가벼운 개발은 직접 하고 싶다. 개발자는 긴 호흡 집중하며 개발할 시간이 필요하다. 하지만 매니저는 수시로 여러 곳에서 요청이 들어온다. 개발에 많은 시간을 들일 수 없다. 많은 시간을 아이들idle 타임으로 만들어둬야 한다. 개인적인 욕심으로 서비스 과제를 진행하면 내가 병목이 돼 일정이 늦어지는 불상사가 일어날 수 있다.

8년 차에 리더가 됐고 고군분투했다. 9년 차에 두 번째 팀을 맡게 됐다. 1년 동안 팀을 잘 정비해 다시 개발에 참여해야겠다고 생각했는데 두 번째 팀을 맡게 된 것이다. 팀 내 이탈도 있어 채용을 진행했고 팀 문화도 세팅해야 했다. 스타트업과 사업은 '사람이 전부'라고 한다. 개발 팀도 마찬가지다. 사람이 전부다. 좋은 사람을 잘 뽑으면 모든 것은 잘 돌아간다. 리더는 사람을 잘 뽑아야 하는 이유다. 두 번째 팀에서 나는 다시 좋은 리더가 되고자 고민하고 노력하고 있다.

지루하지 않을 것! 재밌을 것!

앞으로 어떻게 커리어를 이어갈 것인지 고민 중이다. 개발자로 돌아갈지 매니저로 성장할 것인지 아니면 지금과 같은 개발하는 매니저 혹은 관리하는 개발자로 지내게 될지 아직 모른다.

매해 이력서에 넣을 한 줄은 만들어내자는 생각으로 하루하루를 보낸다. 이력서에 넣을 수 있는 일은 다른 사람이 봤을 때 흥미를 가지고 연관된 질문을 끌어낼 수 있는 일이다. 면접관을 낚아서 내 이야기를 듣게 만드는 내용일 것이고 결국 일 이야기를 잘 풀어낼 수 있어야 한다. 어떤 일을 하더라도 일이 가지는 의미와 나 아닌 다른 사람이 진행했을 때와 대비해 내가 진행했기에 더 좋았던 점, 달랐던 점을 이야기할 수 있어야 한다. 다행히도 개발자 인생 9년 동안 한 해 한 해 굵직한 일들이 있었다. 그리고 나는 성장했다.

처음 일을 시작할 때 3년마다 회사가 되었든 업무가 되었든 변화를 주자고 생각했다. 고이면 썩는다. 변화를 주는 삶이 더 재미있다. 익숙한 것은 재미가 없다. 다행히 처음의 결심처럼 프런트엔드 개발자 3년, 풀스택 웹 개발자 3년, 매니저 3년, 3년마다 변화가 있는 삶을 살고 있다.

앞으로의 3년은 어떤 변화가 있을까? 최우선으로 생각하는 기준이 있다. 재밌을 것!

김지한

내가 만들고 싶은 것 누가 만들어주지 않으니까 직접 만들려고 남의 코드를 흉내 내며 시작한 웹 개발이었는데 정신 차려보니 프런트엔드 엔지니어가 되어 있었다. 책은 마른하늘에 비를 내리고 땅을 접어 달리는 정도는 되어야 쓰는 줄 알았는데 다행히 슈퍼 개발자들 사이에 끼어 한마디 얹은 덕에 이 글도 쓰고 있다. 이력서 한 줄짜리 경험을 바탕으로 감히 프런트엔드 개발자란 무엇인가를 논하는 글을 써놓고 맨정신으로 다시 읽으려니 쉽지 않아 무알코올 호가든을 토템처럼 옆에 놓아본다.

많은 직업이 그러하듯, 사람들은 한 단어로 표현되는 직업 이름 속에 뭉뚱그려진 분야들을 잘 알지 못한다. 개발자, 그 하나의 직업명 안에 얼마나 많은 열정과 도전이 담겨 있는지 생각해본 적 있는가? 우리가 나누는 이 글들이 이제 갓 소프트웨어 개발 분야에 발을 디딘 새싹 개발자들에게 프런트엔드 개발의 멋짐을 알리고 도전하고 싶게 만드는 아주 작은 계기라도 된다면 기쁠 것이다. 나는 어떤 개발자가 되고 싶은지, 목표가 아닌 상태로서의 꿈을 그려보자.

늘 함께 도전하고 성장할 수 있도록 이끌어주시는 김효 님과 WebUI 팀원들을 포함한 웨일 동료들, 프런트엔드 기술성장위원회 동료들에게 이 자리를 빌려 감사의 인사를 올리고 싶다. 그리고 무엇보다 소중한 가족, 특히 나를 항상 더 괜찮은 사람이 되고 싶게 만드는 아내에게 사랑을 전한다.

하성욱

어릴 적부터 컴퓨터를 좋아한 걸 계기로 컴퓨터공학과에 진학하고, 재미없는 숫자와 글자만 들여다보는 것보다는 코드를 짜는 대로 화면이 나오는 게 재밌어서 프런트엔드 개발에 처음 발을 들였으며, 주위에서 흘러온 기회를 잡아가다 보니, 어느샌가 한 명의 프런트엔드 엔지니어로서 밥을 벌어먹고 있다. 다른 저자분들에 비하면 한참 부족한 경험과 경력을 가지고 있지만, 나만이 전달할 수 있는 경험이 있을까 고민 끝에 이렇게 집필에 참여하게 되었다. 개발자로서 첫발을 떼기 위해 노력하는 분, 환경을 바꿔보고 싶은 현업 개발자분에게 내 미천한 경험이 조금이나마 도움이 되었으면 한다.

아직 많이 성장해야 하는 개발자임에도 프런트엔드 기술성장위원회의 일원으로서 함께할 기회를 주신 동료 위원들께 감사를 전하고 싶다.

장기효

사용자와 맞닿아 있기 때문에 더 사람을 잘 이해하고 늘 상대방의 관점에서 생각해야 하는 게 프런트엔드 개발이다. 실무에서 이런저런 경험을 쌓으며 잔뼈가 굵어진 베테랑 프런트엔드 개발자들의 이야기가 취업을 준비하고 직무 전환을 고민하는 이들에게 좋은 길라잡이가 되었으면 좋겠다.

실무와 육아로 많이 바쁠 텐데도 끝까지 의기투합하여 공동 집필을 마무리해준 기술성장위원회 프런트엔드 영역 동료들에게 감사의 말을 전한다.

윤정현

우연한 기회로 아무것도 모르는 채 프런트엔드 개발을 시작했지만, 우연히 프런트엔드 개발이 성향에 잘 맞았고, 우연히 너무 좋은 개발자들을 만나면서 많은 것을 배울 수 있었다. 계속해서 운이 따라준 덕분에 지금까지 많이 성장할 수 있었지만 그동안 과연 나는 서비스의 성공에 영향을 줄 수 있는 프런트엔드 개발자인가에 대해 의문이 있었다. 항상 비슷한 서비스 개발 과정 속에서 프런트엔드 개발자의 역량이 서비스에 어떤 영향을 줄 수 있는지에 대해 작은 경험들을 적어보았다. 이를 통해 나와 비슷하게 프런트엔드 개발자의 역할에 대해 고민 중인 많은 분께 조금이나마 도움이 되었으면 한다.

손찬욱

"프런트엔드 개발자는 어떻게 성장해야 하나요?"라는 질문을 받을 때마다 두서없이 이야기했던 기억이 있다. 수학 문제처럼 딱 떨어지는 정답이 있는 것은 아니지만 내가 겪었던 경험과 내 동료가 겪었던 이야기를 통해서 프런트엔드 개발자로 성장하는 모습을 엿볼 수 있으면 좋겠다. 나 또한 책을 집필하는 과정에서 나와 다르게 경험하고 성장한 동료들의 이야기를 접하면서 또 다른 답을 찾았던 것 같다. 이 책을 읽는 독자들도 자신만의 정답을 찾길 바란다.

서비스의 최전선에서 항상 고전분투하고 있는 많은 프런트엔드 개발자에게 이 책이 조금이나마 위로와 공감이 되길 바란다. 더불어 항상 힘낼 수 있게 도와주는 사랑하는 아내와 눈에 넣어도 아프지 않을 아들과 딸에게 감사의 인사를 전한다.

김다현

집필을 시작한 시점에는 내 글이 '자랑글'처럼 보이지 않을까 걱정을 많이 했다. 글재주가 좋은 편도 아니고 과연 내 경험이 누군가에게 도움이 될 수 있을까 고민도 많이 했다. 다행히 같이 집필한 다른 저자분들이 훌륭한 내용으로 글을 써주서서 안심하고 내 이야기를 이어갈 수 있었다. 재능보다는 열정과 계획, 그리고 가끔 찾아온 운과 함께 목표에 다다른 내 경험이, 혹시나 비슷한 고민을 하시는 분들께 작은 도움이라도 되었으면 하는 마음으로 집필했다. 이 책을 읽고 다른 분들도 프런트엔드 개발로의 여정을 같이해주길 바라본다.

마지막으로 함께 집필에 참여한 기술성장위원회 프런트엔드 파트 위원분들께 감사를 드린다. 특히 이 책이 빛을 볼 수 있도록 우리를 독려하고 이끌어준 박재성 님께 큰 감사함을 전한다.

박재성

언젠가 한 번쯤은 프런트엔드 커리어를 소개하는 책을 써보고 싶었고, 그 바람이 이루어지게 된 것 같다. 프런트엔드 영역에서 오랜 시간 경험했던 '기술적 전문성에 대한 의심 담긴 시선'에 대한 반박을 해보고도 싶었던 것 같다. 이 책이 그러한 시각을 모두 해소해주진 않겠지만, 적어도 국내 '프런트엔드 엔지니어'들의 경험과 성공을 다룬 책의 등장이 의미가 있을 것이라 생각해본다.

항상 웹 개발의 마지막 단계에 있을 수밖에 없기 때문에 프로젝트/서비스 출시 시 가장 많은 어려움과 부침을 겪고 있을 국내의 많은 프런트엔드 엔지니어에게, 조금이나마 우리의 경험이 공감을 불러일으키고 동기부여가 될 수 있기를 바란다.

윤영제

유사 전공자가 개발이 좋아 개발자가 되었다가 지금은 매니저 업무를 하고 있다. 여러 프런트엔드 개발자의 커리어 예시 중 하나를 공유하는 마음으로 내 이야기를 담아보기로 했다. 10년의 개발자 생활을 돌아보니

운 좋게도 좋은 환경에서 좋은 사람들을 만나 잘 성장했구나 하는 생각이 들었다.

이제는 프런트엔드 개발자보다는 웹 개발자라는 표현으로 자기소개를 하곤 하지만 여전히 프런트엔드 개발자라는 말은 개발자 커리어에 깊은 뿌리를 내리고 있다. 재미를 추구하며 오늘도 사용자에게 가치를 전달하고 있는 많은 프런트엔드 개발자의 건투를 빈다.